国家社科基金青年资助项目

蒙古语短语结构

——在最简方案框架内的研究

高莲花 ◎ 著

副词化短语 形容词化短语 轻动词短语 体短语 时态短语 领属短语 复数短语 格短语 语气词短语 后置词短语 副词短语 摹拟词短语 情态词短语 时位词短语 数量结构 数词短语 代词短语 形容词短语 动词短语 名词短语

中国社会科学出版社

图书在版编目（CIP）数据

蒙古语短语结构：在最简方案框架内的研究 / 高莲花著. —北京：中国社会
科学出版社，2020.5
ISBN 978–7–5203–6824–7

Ⅰ. ①蒙…　Ⅱ. ①高…　Ⅲ. ①蒙古语（中国少数民族语言）–结构短语–
研究　Ⅳ. ①H212.4

中国版本图书馆 CIP 数据核字（2020）第 127475 号

出 版 人　赵剑英
责任编辑　周慧敏　任　明
责任校对　王　龙
责任印制　郝美娜

出　　　版　中国社会科学出版社
社　　　址　北京鼓楼西大街甲 158 号
邮　　　编　100720
网　　　址　http://www.csspw.cn
发 行 部　010–84083685
门 市 部　010–84029450
经　　　销　新华书店及其他书店

印刷装订　北京君升印刷有限公司
版　　　次　2020 年 5 月第 1 版
印　　　次　2020 年 5 月第 1 次印刷

开　　　本　710×1000　1/16
印　　　张　11.25
字　　　数　202 千字
定　　　价　85.00 元

前　言

　　短语不仅是句法的主要单位之一，也是句法研究的重点之一。词与词彼此连接而构成合乎语法的句法单位方面的研究，会直接影响句法分析的效果。因此，句法分析、研究应该是从短语结构的分析、研究开始的。

　　短语结构规则，也称之为改写规则。短语是由词和词之间按照一定的语义搭配关系和语法结构规则而组合在一起的单位形成的。一、在传统语法描写中，句子成分之间的主谓、定中、状动、动宾、并列等关系的分析和解释受到特别重视；而我们在本研究中按照最简方案框架，注重分析各语类的相互合并、移位、删除等关系，把合并形成的任何一个结构（包括传统上所说的句子）都当作一种短语结构来对待。二、我们在本研究中按照最简方案框架的短语结构规则，区别对待每一层短语的必有成分和可有可无成分。三、在传统语法描写中，句子成分被分为主语、宾语、定语、状语、表语、谓语等；而我们在本书中按照生成句法框架，把句子的必有成分分为核心词、补足语、指示语三种，把可有可无成分都看成附加语。四、在传统语法描写中，只有实词类才被看成是句子成分，而发挥重要句法功能的格、复数、领属、否定、静词化成分、时态、语气、人称等功能语类以及后置词、体、助动词等被看成是名词和动词类的伴随物，从未占据应有的句法地位，因而从来没有得到过充分的研究。我们在本书中按照生成句法框架，把它们看成最重要的句法单位，即把它们看成各自能构成自己短语的功能语类。也就是说，它们在自己的短语结构里起核心词的作用。五、在本书中按照生成句法框架，采用国际上通用的语类符号（即缩写名称）和倒立的树形图，把每一个细节揭示得一清二楚。

本书的材料来源及使用情况

一　例句来源

　　本书的语料来源为现代蒙古语，其中的大多数例句来自各种版本的蒙古语语法书，比如一些例句来自清格尔泰先生的《蒙古语语法》（1991 年）中的用例，仅一部分是作者自选的。

二　说明

（一）引用例句时，一般不引与之无关的上下文。全文例句每一小节重新编号。

（二）本书所引用的蒙古文著作中的句子均由作者翻译引用，因误译而歪曲原文的责任由作者负责。

（三）本书所使用的拉丁文转写符号并与之对应的国际音标的对照表如下：

转写符号	a	e	i	o	u	ö	ü	n
国际音标	[a]	[ə]	[i]	[ɔ]	[ʊ]	[o]	[u]	[n]
转写符号	b	p	h	γ, g	m	l	s	š
国际音标	[p]	[pʰ]	[x]	[k]	[m]	[l]	[s]	[ʃ]
转写符号	t	d	č	j	y	r	w	ŋ
国际音标	[tʰ]	[t]	[ʧʰ]	[ʧ]	[j]	[r]	[w]	[ŋ]

（四）语类缩写名称及其汉语译文表如下：

序号	缩写	外文全写	汉语译文
1	N	Noun	名词
2	NP	noun phrase	名词短语
3	SG	Singular	单数
4	PL	Plural	复数
5	PLP	plural phrase	复数短语
6	POS	Possessee	领属（从属）
7	POSP	possessee phrase	领属短语
8	K	Kasus (德)	格
9	KP	kasus phrase	格短语
10	POST	Postposition	后置词
11	POSTP	postposition phrase	后置词短语
12	A	Adjective	形容词
13	AP	adjective phrase	形容词短语
14	NUM	Numeral	数词
15	NUMP	Numeral phrase	数词短语
16	MEAS	measure word	量词

序号	缩写	外文全写	汉语译文
17	NUMM	numeral–measuer structure	数量结构
18	PRN	Pronoun	代词
19	PRNP	Pronoun phrase	代词短语
20	ONO	onomatopoeic word	摹拟词
21	ADV	Adverb	副词
22	ADVP	adverb phrase	副词短语
23	V	Verb	动词
24	VP	verb phrase	动词短语
25	NEG	negation mark	否定成分
26	NEGP	negation phrase	否定短语
27	ASP	aspect auxiliary	体助动词
28	ASPP	aspectual auxiliary phrase	体助动词短语
29	SUBSP	substantivised phrase	静词化短语
30	ADJL	Adjectivalizer	形容词化成分
31	ADJLP	adjectivalized phrase	形容词化短语
32	NOML	Nominalizer	名词化成分
33	NOMLP	nominalized phrase	名词化短语
34	ADVL	Adverbializer	副词化成分
35	ADVLP	adverbialized phrase	副词化短语
36	T	tense mark	时态标志
37	TP	tense phrase	时态短语
38	PERS	person mark	人称成分
39	MP	Mood particle	语气词
40	MPP	Mood particle phrase	语气词短语
41	PERS	Person	人称
42	CONJ	Conjunction	连词
43	NOM	Nominative case	主格
44	ACC	accusative case	宾格
45	GEN	genitive case	领属格
46	LOC	locative case	向位格

续表

序号	缩写	外文全写	汉语译文
47	INS	Instrumental case	凭借格
48	ABL	ablative case	从比格
49	COMT	Comitative case	和同格
50	PRES	present tense	现在时
51	PST	past tense	过去时
52	RPOS	reflexive possessive	反身领属
53	RPOSP	reflexive possessive phrase	反身领属短语
54	SUB	Substantive	静词
55	T	Tense	时
56	P	Phrase	短语
57	v	light verb	轻动词
58	cv	causative verb	使动轻动词
59	pv	passive verb	被动轻动词
60	rcv	reciprocal verb	互动轻动词
61	cov	cooperative verb	同动轻动词
62	clv	collective verb	众动轻动词
63	ASP	Aspect	体
64	AUX	Auxiliary	助动词
65	MOD	Modality	情态词
66	MODP	Modality phrase	情态词短语

　　由于作者能力有限，在研究中还会存在诸多不足之处，恳请专家、学者们批评指正。

目　　录

第一章 绪论

1.1 研究意义

短语不仅是句法的主要单位之一，也是句法研究的重点之一。词与词彼此连接而构成合乎语法的句法单位方面的研究，会直接影响句法分析的效果。因此，句法分析、研究应该是从短语结构的分析、研究开始的。

著名语言学家朱德熙先生曾经说过"如果我们能够把各类短语结构全面、细致地描述清楚了可以说是能够描述清楚句子结构，因为句子本身就是个独立自主的短语"。[①]汉语语法学界在短语的研究上已经达成了普遍共识。汉语学界一般认为短语是句子的核心，句法研究的关键在于短语。短语研究是汉语语法研究的重要课题之一，也是语法研究的较为复杂的问题，把短语研究做得彻底、透彻与否对整个语法研究有着深刻意义。

在蒙古语言研究方面，20世纪60年代初，确精扎布先生在《有关蒙古语词组的几个问题》[②]一文中针对蒙古语词组的几点问题提出了自己的见解，认为词组对句法起着关键性作用。

达胡白乙拉教授多次强调："蒙古语短语结构的性质、内部关系和短语之间的关系统计研究已成为蒙古语句法研究和蒙古语文信息处理研究的主要内容。短语是词和句子之间的单位。从语言信息处理角度看，短语结构的研究在词信息处理和句子信息处理之间起桥梁性作用。以短语分析为主的句子研究是完成句子自动分析和生成的基本。"[③]他认为"研究短语结构性质、内部关系和句中短语之间的关系是句子结构研究顺利进行的基础"。[④]

以探寻适合人类一切语言的普遍语法理论为最终目的生成语法学界，

---

① 朱德熙：《语法讲义》，商务印书馆1982年版。

② 确精扎布：《有关蒙古语词组的几个问题》，《内蒙古大学学报》1963年第1期。

③ 达胡白乙拉：《蒙古语短语结构知识库相关研究》，辽宁民族出版社2014年版，第45页。

④ 同上，第3页。

通过研究进一步证明了短语对一种语言的无可替代的重要性，并以此为出发点建立了一些实质性的理论框架。例如：短语结构规则、主语源自动词短语内部的假说等。这一系列规则和理论假说解决了语言研究中的一些实际存在的问题。本研究以生成语法学理论为基础，运用最简方案框架的短语结构规则，探讨、研究蒙古语短语及其相关的一系列问题，并认为这种研究具有较高的理论价值和应用价值。

首先，本研究在借鉴语言学界相关研究成果的基础上，依据蒙古语自身的特点，运用最简方案框架的短语结构规则探讨和分析蒙古语各类短语的形成过程及其句法结构特征。对蒙古语句法进行的这种研究将在一定程度上丰富和补充现代蒙古语句法理论，对蒙古语生成句法理论体系的建立和完善做出贡献。

其次，本研究在语言共性研究方面能够为蒙古语族各语言关系的句法论证研究提供语言学证据。

蒙古语短语结构研究不仅具有理论意义，而且具有较高的应用价值。本研究的应用价值在于使蒙古语短语的句法结构特征更加形式化，能够更好地满足语言信息化处理的需要。因为"要使自然语言的各种语法规则变成计算机可以执行的操作，就必须对其现象相应地做出形式化描述。与其他自然语言的信息处理一样，各种语法现象的形式化描述是蒙古语信息处理的必经之路"①。蒙古语短语结构特征的形式化研究能够促进蒙古语语料库建设、蒙古文信息处理、人工智能以及人机对话等相关应用学科的顺利发展。

蒙古语语类分类及其各语类可否形成自己的短语以及短语结构内部特点等引起的相关问题是蒙古语句子处理的主要环节。在短语结构规则的指导下较全面、较系统地描写和分析，能够使蒙古语短语的构成及其结构特征更加形式化，从而为蒙古语信息处理和人机对话等相关领域的研究工作添砖加瓦。目前蒙古语的形式化描述正处于紧锣密鼓的火热进行阶段，因此今后需要在这方面进行更深入的跟踪研究。

1.2　研究基础

短语也叫作词组，以往的研究成果为我们研究蒙古语短语的坚实基础。因此我们首先详细了解一下蒙古语词组研究概况。

自蒙古语言研究初期开始蒙古语文书中就关注研究"词连接法"，这里

---

① 达胡白乙拉：《蒙古语基本动词短语自动识别研究》，博士学位论文，内蒙古大学，2005 年，第 1 页。

已包含词组的初步知识，但是 20 世纪 50 年代前蒙古学界把"词连接法"与句子成分联系在一起研究，而没有把"词组"视为句法的一种主要单位进行专门研究过，也没用过"词组"这个概念。将句法结构当作主要单位之一来研究是从 20 世纪 50 年代末 60 年代初开始的[①]。

蒙古国学者勒·密西格在《蒙古语词组的种类》[②]一文，主要探讨了蒙古语词组种类的相关问题。

确精扎布先生的《有关蒙古语词组的几个问题》[③]一文和清格尔泰先生的《现代蒙古语语法》[④]分别对蒙古语词组进行了解释。

舍·罗布桑旺丹先生在他的《现代蒙古语》[⑤]里的《词连接法》认为有关联的两个或两个以上词是按照语法规则组合而形成的。

达胡白乙拉教授在《蒙古语基本动词短语结构关系研究》[⑥]一文中谈到蒙古语基本动词短语结构关系有宾述、状述、辅助、体述、联合等 5 种结构关系和相应的形态连接特征。蒙古语基本动词短语结构关系判定的优先级别是：前集型最高，其次是后集型。

达胡白乙拉教授的《蒙古语短语结构知识库相关研究》[⑦]一文运用短语结构语法理论，对蒙古语的真实句子进行形式分析，并探讨了人工分析和计算机分析的具体过程和方法。他所分析的语料来源于现代蒙古语语料库。依据语境信息，把它们分为语境制约句子（1501 个句子）和语境自由句子两种类型。语境制约句子来自于连续文本语料《初中蒙古语文》（第一册）和《春天的太阳升自北京》（小说），语境自由句子是用句子提取程序从现代蒙古语语料库中按长度自动选取的（1453 个"句子"）。研究者在人工分析上述句子的同时，一方面提炼了蒙古语句子的短语形式分析规范（讨论稿），另一方面编写了句子分类、形式分析格式校对（标识括弧对和空格的检查）程序，以尽量保证分析结果的一致性。[⑧]

达胡白乙拉教授在该文中澄清了短语的概念，即短语不同于词组和副词组，短语是由两个或两个以上词相互组合而构成的词的链接。短语包括实词链接、实词+虚词链接和虚词链接，语言学多年惯用过来的"词组"和

---

① 特图克、达·宝力高：《现代蒙古语句法研究》，内蒙古大学出版社 2011 年版，第 145 页。

② [蒙古]勒·密西格：《蒙古语词组的种类》，载《蒙古语言文学历史》，乌兰巴托 1957 年版。

③ 确精扎布：《有关蒙古语词组的几个问题》，《内蒙古大学学报》（蒙文）1963 年第 1 期。

④ 清格尔泰：《现代蒙古语语法》（修订版），内蒙古人民出版社 1999 年版。

⑤ 舍·罗布桑旺丹：《现代蒙古语》，内蒙古教育出版社 1982 年版，第 359 页。

⑥ 达胡白乙拉：《蒙古语基本动词短语结构关系研究》，《中央民族大学学报》2008 年第 3 期。

⑦ 达胡白乙拉：《蒙古语短语结构知识库相关研究》，辽宁民族出版社 2014 年版。

⑧ 达胡白乙拉：《蒙古语短语结构知识库相关研究》，辽宁民族出版社 2014 年版，第 465 页。

"副词组"都包括在短语之内，它具有有别于词和句子的各种特点。从蒙古文信息处理的角度来讲，使用"短语"这一概念更符合于理论和应用的实际需求[①]。蒙古语短语按其固定与否可分为固定短语和自由短语。关于固定短语德·青格乐图教授已进行过相当深入地研究，本研究不涉及固定短语，因此没有列入固定短语研究动态。

达胡白乙拉教授把蒙古语自由短语按核心词、内部关系、词的数量、这三类相结合的种类分成了四类，这里我们主要参考的是按核心词分类的短语类。达胡白乙拉教授的按核心词分类的短语种类有：名词短语、动词短语、形容词短语、代词短语、数词短语、语气词短语、量词短语、时词短语、位词短语、副词短语、后置词短语、情态词短语等 12 类[②]。

达胡白乙拉教授的《短语结构语法》[③]一文，主要介绍了短语结构语法，并探讨了将其怎么运用到蒙古语研究当中的问题。

兴安教授在《蒙古语句子中动词短语存在与否用心理实验法验证》[④]一文中，介绍了乔姆斯基生成语法理论的心理实验法——内省法、并列、插入、删略、移位、转换等方法并用试验证实了蒙古语使用者的思维中有动词语类。

乌力吉达拉的《从词组词干探索某些复合词的句法关系》[⑤] 一文，提出了确定复合词的句法关系必须基于它的主要关系的基本观点，确定复合词的句法关系和有关这方面的研究急需的几点问题提出了自己的见解。

吉荣教授的《有关词组和词的连接》[⑥]中，总结归纳了蒙古学界对词组的定义，并提出了自己的见解。

德力格尔教授的《有关蒙古语词组—单句—分句的关系》[⑦]一文中，从定义中提出问题，从词组与分句的关联、有关词组和单句、词组的几个问题等方面进行了探讨。

吉荣教授的《有关词组分类》[⑧]一文，认为词组结构只有定中和状中两种。

[①] 达胡白乙拉：《蒙古语短语结构知识库相关研究》，辽宁民族出版社 2014 年版，第 27 页。

[②] 同上，第 28 页。

[③] 达胡白乙拉：《短语结构语法》，《中国蒙古学》2004 年第 5 期。

[④] 兴安：《蒙古语句子中动词短语存在与否用心理实验法验证》，《中国蒙古学》2001 年第 1 期。

[⑤] 乌力吉达拉：《从词组词干探索某些复合词的句法关系》，《语言与翻译》（蒙文）2011 年第 2 期。

[⑥] 吉荣：《有关词组和词的连接》，《蒙古语言文学》（蒙文）1985 年第 1 期。

[⑦] 德力格尔：《有关蒙古语词组—单句—分句的关系》，《蒙古语言文学》（蒙文）1985 年第 3 期。

[⑧] 吉荣：《有关词组分类》，《蒙古语言文学》（蒙文）1986 年第 6 期。

华沙宝教授的《蒙古语短语标注策略》①一文详细介绍并探讨了对蒙古语短语进行标注的策略，为蒙古语语料库语言学的进一步深化研究提出了自己的见解。

达·宝力高先生的《现代蒙古语词组研究概况》②一文，对现代蒙古语词组的研究情况做了详细地介绍。

达胡白乙拉教授在《蒙古语［BVP+X］短语的结构规则研究》③中，基于短语结构规则分析现代蒙古语实际语料并统计分析出了词类、词形变化、短语结构关系等信息，然后总结归纳出由两个动词组合构成的动词短语（BVP）与后一词组合的规则。

李娟的《"现代蒙古语固定短语语法信息解释词典"管理平台的设计》④一文，为了不断扩建和完善《现代蒙古语固定短语语法信息解释词典》、保障数据库的安全和加强程序的管理功能而设计出了统一管理平台。

乌兰、达胡白乙拉等的《蒙古语短语结构树的自动识别》⑤一文，在描述蒙古语特点的同时提出蒙古语句子中短语结构分析难点。根据蒙古语自身特点归纳了短语标注体系，建立了蒙古语短语树库，尝试实现蒙古语句子的自动分析。

斯·劳格劳教授的《蒙古语固定短语识别算法的设计与实现》⑥一文在"蒙古语固定短语语法信息词典"的基础上，采用基于有限状态自动机制和规则的方法设计实现了蒙古语固定短语的识别和算法。

乌兰的《初探现代蒙古语五个词组成的动词短语组合规则》⑦一文，从用短语结构分析的蒙古语实际语料中统计出了由五个词组成的 562 个动词短语，并对其建库，同时对它们进行统计，分析了词类、词形变化和句法功能，探讨了由 5 个词组成的短语结构的组合规则。

乌兰的《简论基于语料库的蒙古语短语结构复指关系》⑧一文，提出短语是实词与实词、虚词与虚词、实词与虚词的组合。复指关系是短语结构规则的内部关系之一，她从短语结构分析的蒙古语实际语料中选出复指关

① 华沙宝：《蒙古语短语标注策略》，《中央民族大学学报》2003 年第 5 期。

② 达·宝力高：《现代蒙古语词组研究概况》，《内蒙古社会科学》（蒙文）2005 年第 2 期。

③ 达胡白乙拉：《蒙古语［BVP+X］短语的结构规则研究》，《内蒙古大学学报》（蒙文）2008 年第 3 期。

④ 李娟：《"现代蒙古语固定短语语法信息解释词典"管理平台的设计》，《内蒙古社会科学》2013 年第 6 期。

⑤ 乌兰、达胡白乙拉等：《蒙古语短语结构树的自动识别》，《中文信息报》2014 年第 5 期。

⑥ 斯·劳格劳：《蒙古语固定短语识别算法的设计与实现》，《中文信息报》2017 年第 5 期。

⑦ 乌兰：《初探蒙古语五个词组成的动词短语组合规则》，《西部蒙古论坛》（蒙文）2017 年第 2 期。

⑧ 乌兰：《简论基于语料库的蒙古语短语结构复指关系》，《蒙古学研究》（蒙文）2017 年第 2 期。

系的 444 个句子，并对其进行统计词类和词形变化方面的研究。

乌兰在其硕士学位论文《蒙古语句子短语形式化分析研究》[①]中认为根据短语结构语法理论方法对蒙古语句子进行分析研究是蒙古文信息处理阶段的重要任务之一，对蒙古语文研究与应用提供支持，她还介绍了蒙古语句子短语结构形式分析相关的研究。

达胡白乙拉在《现代蒙古语句法结构树库建设》[②]一文中，用短语结构语法理论和方法，把蒙古语句子以短语为形式分析，描述了句法结构树库的结构、材料、范围以及与其有关联的应用程序的组建等建设句法结构树库的相关问题。

德·青格乐图教授的《现代蒙古语固定短语语法信息词典详解》[③]一文，谈到《现代蒙古语固定短语语法信息词典详解》是电子版"现代蒙古语固定短语语法信息词典"的详解。该书探讨了蒙古语固定短语的分类、界定、范围、语法等特点以及语法属性项目等理论问题。该研究从已建立的 26000余条蒙古语固定短语的语料信息数据库中，选取了 7000 余条常用固定短语，用二维表格形式设置共 171 项语法属性字段，填写了其语法属性值，还针对电子版编制了蒙古语固定短语自动识别系统。作者主要运用基于语料库的计算语言学研究方法，在传统研究成果的基础上，从蒙古文自然语言处理的角度对蒙古语固定短语的结果、类型及语义、语法信息等方面进行了认真细致的分析研究，使蒙古语固定短语的各种语法规律更加具体化、形式化。

乌兰、达胡白乙拉的《现代蒙古语短语结构句法自动分析》[④]一文，认为句子处理在自然语言信息处理中处于关键位置，为篇章处理和语义分析打基础。该文描述蒙古语短语结构句法实现了蒙古语句子的自动分析，同时对分析器进行了测评，目前自动分析处于浅层处理。

乌兰博士在《现代蒙古语短语结构句法分析机器应用简介》[⑤]一文中，提出把句子用短语形式化来分析是蒙古文信息处理解决句子处理的主要研究内容之一，把蒙古语句以短语形式化分析程序是完成文本基本搭配、更

①　乌兰：《蒙古语句子短语形式化分析研究》，学士学位论文，内蒙古大学，2015 年。

②　达胡白乙拉：《现代蒙古语句法结构树库建设》，《内蒙古大学学报》（蒙文），2011 年第 6 期。

③　德·青格乐图：《现代蒙古语固定短语语法信息词典详解》，内蒙古教育出版社 2005 年版，序二第 3 页。

④　乌兰、达胡白乙拉：《现代蒙古语短语结构句法自动分析》，《内蒙古民族大学学报》2018 年第 2 期。

⑤　乌兰：《现代蒙古语短语结构句法分析机器应用简介》，《蒙古学研究》（蒙文）2018 年第 2 期。

新句子分析模板、典范、句子自动分析、转化为ＴＣＴ形式等功能的基础，文中主要以功能论述为主。

敖敏、熊子瑜、白音门德教授的《蒙古语韵律短语的分类研究》[①]一文，基于蒙古语朗读语音数据库，系统考察了蒙古语的韵律短语分类问题。研究表明，在蒙古语的朗读语句中，有必要进一步划分韵律大短语和小短语。

还有一些面向信息处理的蒙古语短语标注或自动切分、自动分析等的相关论文在此不再一一介绍。

以上是蒙古语短语研究相关动态，下面我们介绍运用生成语法理论研究阿尔泰语言的研究动态。

力提甫·托乎提教授的《维吾尔语及其他阿尔泰语言的生成句法研究》[②]和《从短语结构到最简方案——阿尔泰语言的句法结构》[③]两个专著不仅系统地介绍了生成语法理论最新发展情况，而且较系统和全面地研究了维吾尔语及其他阿尔泰语言的句法结构。具体来说，在这两部著作中简明扼要地介绍了乔姆斯基的语言观、研究方法以及生成语法理论对于研究阿尔泰语言这样形态丰富的黏着语的适用性。他还把这些理论具体运用于阿尔泰语言研究中，对实际语言描写的充分解释力更进一步证实了该理论的适用性。他在《维吾尔语格的省略和 X 标杆理论》一文谈到"维吾尔语名词主格、属格和宾格标记省略可构成紧缩式主谓结构、领属——从属结构和宾动结构等。这类特殊的紧缩式结构受到语义和上下文的支配，不能与带有相应的格的形式相提并论。本文用转换生成语法学派的 X 标杆理论说明了它们的结构特点，并描写格省略的条件、类型和语义特征"[④]。

他在《维吾尔语动词的分类——试谈动词的句法—语义功能》一文中用转换生成语法学派的次范畴化理论和一套符号，描写了维吾尔语动词的句法——词法和语义特征。按句法——词法和语义特征的不同，把维吾尔语动词分成 10 类，并在此基础上解释了动词语态、论元和格之间的三角关系。[⑤]他在《生成句法框架内的维吾尔语句法》一文中运用生成语法理论，将维吾尔语等突厥语言的格附加成分、后置词、静词化成分和人称、时态词缀

---

① 敖敏、熊子瑜、白音门德：《蒙古语韵律短语的分类研究》，《民族语文》2014 年第 1 期。

② 力提甫·托乎提：《维吾尔语及其他阿尔泰语言的生成句法研究》，民族出版社 2001 年版。

③ 力提甫·托乎提：《从短语结构到最简方案——阿尔泰语言的句法结构》，中央民族大学出版社 2004 年版。

④ 力提甫·托乎提：《维吾尔语格的省略和 X 标杆理论》，《民族语文》1999 年第 2 期。

⑤ 力提甫·托乎提：《维吾尔语动词的分类——试谈动词的句法—语义功能》，《民族教育研究》1999 年增刊。

等功能成分确认为独立的语类，把语态附加成分确认为轻动词。①在《轻动词理论与维吾尔语动词语态》②一文中根据轻动词理论，集中讨论了维吾尔语动词的语态变化，并用树形图说明各语态变化所引起的相应论元的增减问题。

力提甫·托乎提教授在《论维吾尔语功能语类格（K）的句法特性》③一文中，重新审视维吾尔语功能语类格（K）的句法特性，试图对维吾尔语句法研究中的两个根本问题做出合理解释：（1）作为功能语类，格（K）也可以与名词以外的名词化短语、形容词化短语、复数短语、从属短语等所有名词性语类合并成格短语。（2）在句法层面上它可以相加在整个名词性短语之上。

力提甫·托乎提教授在《论维吾尔语体助动词的功能》④一文中，维吾尔语动词的体可以通过某些附加成分表达，但在更多情况下则是通过专门的体助动词来表达。本文探讨维吾尔语中较活跃的 20 个体助动词所表达的体意义，并试图用特定的名称归纳出每个体助动词所表达的体意义。

力提甫·托乎提教授在《论维吾尔语否定成分-ma/-mä 的句法特性》一文中，在乔姆斯基最简方案理论的启发下，首先肯定维吾尔语否定成分-ma/-mä 可以构成否定短语（NEGP=negation phrase）。在此基础上，探讨-ma/-mä 的否定范围，包括无标记否定结构，用音强缩小或转移否定范围、否定焦点的选定、否定意义的强化、否定结构的歧义以及句子的否定、复杂结构中的否定和双否定等问题，揭示-ma/-mä 的句法特性。他的论著还有《维吾尔语的关系从句》⑤《论维吾尔语的连词短语》⑥等一系列论文，这里不一一列举。

力提甫·托乎提教授的专著《最简方案：阿尔泰语言的句法结构》⑦中，他用实例全面、系统地研究从生成语法理论基础、研究方法；普遍语法与阿尔泰语言的关系；原则与参数以及阿尔泰语言的参数设置；词法与句法的界限等理论问题到阿尔泰语言的词汇类及其子语类化；阿尔泰语言的自由功能语类；阿尔泰语言的黏着功能语类；阿尔泰语言词汇语类短语及其句法特征；阿尔泰语言自由功能语类短语及其句法特征；阿尔泰语言黏着

---

① 力提甫·托乎提：《生成句法框架内的维吾尔语句法》，《民族语文》2005 年第 6 期。

② 力提甫·托乎提：《轻动词理论与维吾尔语动词语态》，《民族语文》2004 年第 6 期。

③ 力提甫·托乎提：《论维吾尔语功能语类格（K）的句法特性》，《民族语文》2010 年第 4 期。

④ 力提甫·托乎提：《论维吾尔语体助动词的功能》，《民族语文》2009 年第 1 期。

⑤ 力提甫·托乎提：《维吾尔语关系从句》，《民族语文》1995 年第 6 期。

⑥ 力提甫·托乎提：《论维吾尔语的连词短语》，《民族语文》2016 年第 1 期。

⑦ 力提甫·托乎提：《最简方案：阿尔泰语言的句法结构》，中央民族大学出版社 2017 年版。

功能语类短语及其句法特征；阿尔泰语言的句法规则；空位、照应语及其管辖、语义结构等细节问题。

木再帕尔博士的《维吾尔语的名词化短语的句法特征》①一文中，详细探讨了维吾尔语名词化短语的界定、名词化短语与由动词派生的名词、名词化成分的分工、名词化短语的句法特征、名词化短语的句法功能等问题。

木再帕尔博士的专著《维吾尔语的静词化短语》②中，较系统、全面地探讨了从原则与参数到句法结构、传统语法中的静词化短语、名词化短语、形容词化短语、副词化短语等问题。

还有他的《维吾尔语-p 副词化短语的特点》③《维吾尔语的形容词化短语或关系从句》④《维吾尔语名词化短语的修饰作用和表语功能》⑤等一系列论文就对维吾尔语的-P 副词化短语、维吾尔语形容词化短语、维吾尔语形容词化短语的修饰作用和表语功能等问题专题讨论。

阿尔泰语言的生成句法研究成果对本文的写作具有很大的启发和参考价值，尤其是力提甫·托乎提教授的《从短语结构到最简方案——阿尔泰语言的句法结构》⑥《最简方案：阿尔泰语言的句法结构》⑦这两本专著和木再帕尔博士的专著《维吾尔语的静词化短语》⑧是本文选题和立意的基础，是我们直接参考的理论来源。

1.3　研究方法

在本文研究中，主要采用以下几种研究方法。

第一，描写符号和标记法。在生成语法的描写中有不少用来表示特定意义和概念的符号和标记，生成语法利用这些符号专门讨论一些细小的形式问题，以揭示人脑的奥秘。由生成语法的性质和目标所决定的这些符号的应用极大地提高了生成语法描写的抽象性和概括性。

第二，演绎归纳法。从语类概念出发，经过推演，生成合格的句子。

---

① 木再帕尔：《维吾尔语的名词化短语的句法特征》，《民族语文》2008 年第 4 期。

② 木再帕尔：《维吾尔语的静词化短语》，民族出版社 2014 年版。

③ 木再帕尔：《维吾尔语-P 副词化短语的特点》，《北方室通讯》2008 年第 1 期。

④ 木再帕尔：《维吾尔语的形容词化短语或关系从句》，《满语研究》2012 年第 2 期。

⑤ 木再帕尔：《维吾尔语名词化短语的修饰作用和表语功能》，《怀化学院学报》2013 年第 1 期。

⑥ 力提甫·托乎提：《从短语结构到最简方案——阿尔泰语言的句法结构》，中央民族大学出版社 2004 年版。

⑦ 力提甫·托乎提：《最简方案：阿尔泰语言的句法结构》，中央民族大学出版社 2017 年版。

⑧ 木再帕尔：《维吾尔语的静词化短语》，民族出版社 2014 年版。

由于句法学研究的是句子范围内的结构，所以演绎从单词到短语开始，由短语到句子，用严谨的公式树形图表达演绎出来的短语和句子的结构特点。

第三，树形图法。运用倒立的树形图来揭示每一个短语内部结构的生成图。

第四，替代法。用语类代替传统的词类。传统语法的词类和生成语法的语类体现的不只是名称上的不同，而是两者的着眼点有本质的区别。

本文还运用生成语法学派惯用的理论假设、反复论证以及描写和解释的充分性等研究方法。

1.4　主要内容

本文主要由绪论、词汇语类短语及其结构特征、功能语类短语及其结构特征和余论等四个部分组成。

第一章　绪论，主要讲述本文的研究对象、研究目的、研究价值、研究方法并介绍相关研究动态。

第二章　主要以蒙古语词汇语类短语为研究对象，探讨了名词短语、动词短语、形容词短语、数词短语、数量结构、代词短语、情态词短语、摹拟词短语、时位词短语等短语及其句法结构特征。

第三章　主要探讨功能语类短语，把功能语类分为自由功能语类和黏着功能语类并分析由这些语类构成的短语及其句法结构特征。自由功能语类短语有格短语、副词短语、后置词短语、否定短语、语气词短语和领属短语等；黏着功能语类短语有轻动词短语、形容词化短语、副词化短语、体短语、时态短语和半自由半黏着的功能语类短语复数短语。

第四章　余论部分是对全文的总结，总结了本研究现已解决的和有待解决的问题。

第二章 词汇语类短语及其结构特征

本章主要探讨由词汇语类构成的词汇语类短语及其句法结构特征。按照生成语法理论的语类规则，蒙古语的语类可分为词汇语类和功能语类两大类，词汇语类包括名词、动词、形容词、代词、数词、量词、时位词、情态词、摹拟词等相当于传统语法所说的实词类的语类。功能语类包括副词、后置词、语气词、连词、叹词、格语缀、复数语缀、领属语缀、时态、体、式、助动词、轻动词、静词化成分（副词化、形容词化、名词化）等。名词和由名词构成的名词短语是词汇语类短语中比较重要的短语类之一，因此我们的短语结构研究必然是从名词短语开始的。

2.1 短语结构规则

短语结构规则（phrase structure rule），也被称为改写规则（rewrite rule）。短语是由词和词按照一定的语义搭配关系和语法结构规则组合在一起而形成的。

在正式讨论蒙古语的各类短语结构之前，我们说明本文区别于传统语法在研究句法结构方面所采取的方法有如下：

（一）在传统语法描写中，句子成分之间的主谓、定中、状动、动宾、并列等关系的分析和解释受到特别的重视；而我们在本研究中根据生成句法框架，注重分析各语类的相互合并、移位、删除等关系，把合并形成的任何一个结构（包括传统上所说的句子）都看成一种短语结构来对待。比如拿句子 nara dorona -ača manduna "太阳从东方升起" 来讲，它的构成经过了 4 次合并和 1 次移位。如第一步：名词（N）dorona "东方" 与从比格（K）-ača 合并构成格短语（KP）dorona -ača "从东方"。如：

（1）

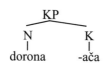

第二步：动词（V）mandu-"升起"与格短语（KP）dorona -ača "从东方"合并，构成了带一个标杆的动词（V'）dorona -ača mandu-"从东方升起"。如：

（2）

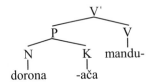

第三步：该一个标杆动词（V'）与名词（N）nara "太阳"合并构成了一个动词短语（VP）nara dorona -ača mandu-"太阳从东方升起"。如：

（3）

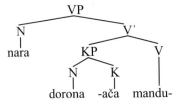

第四步：该动词短语（VP）与以非过去时-na 为核心的时态成分合并形成时态短语（TP），同时处在 VP 指示语（主语）位置上的 nara "太阳"为了得到主格，便移到 TP 的指示语（主语）位置上，最后就形成了一个时态短语（TP, 即我们通常所说的句子）nara dorona -ača manduna "太阳从东方升起"。如：

（4）

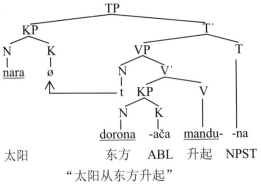

太阳　　　　　东方　ABL　升起　NPST

"太阳从东方升起"

在以上例句的形成过程中，我们看到了合并和移位规则的运用。当然，最主要的规则还是合并规则，它可以被反复应用，构成一个比一个大的短语结构。（注：这里的 NOM 是英语 nominative "主格"的缩写，以零（-ø）

形式表示；t 是英语 trace "语迹，痕迹" 的缩写，指一个成分移位后留下的痕迹，虚线（---）表示移位过程，箭头表示移位后到达的位置。这些符号在下面的用法也是一样的。）

（二）我们在本研究中按照最简方案框架的短语规则，区别对待每一层短语的必有成分和可有可无成分。比如在以上的 nara dorona -ača manduna 这一时态短语里名词 nara 是从比格-ača 的必有成分；格短语 dorona -ača 是动词 mandu-的必有成分；名词 nara 是带一个标杆的动词 dorona -ača mandu-的必有成分；动词短语 nara dorona –ača mandu-是非过去时成分-na 的必有成分。因此，在这一短语里每一个成分在它参与的那个短语层面都是必有成分。

（三）在传统语法描写中，句子成分被分为主语、宾语、定语、状语、表语、谓语等；而我们在本书中按照生成句法框架，把句子的必有成分分为核心语（head）、补足语（complement）、指示语（specifier）三种，把可有可无成分都看成附加语（adjunct）。比如就拿以上的句子来讲，按传统语法的分析，nara "太阳" 是主语，dorona -ača manduna "从东方升起" 是谓语；在谓语里 dorona –ača "从东方" 又是动词 manduna "升起" 的状语，就这么简单。但是在生成语法框架内，我们要看每一个短语层面所结合的两个成分的相互关系。如在以上的时态短语（即句子）里名词 dorona "东方" 是从比格-ača 的补足语，-ača 是核心语，从而两者合并而构成了格短语 dorona –ača "从东方"；格短语 dorona –ača "从东方" 又是动词 mandu- "升起" 的补足语，而 mandu- "升起" 本身是核心语，两者的合并构成了带一个标杆的过渡性动词短语(V') dorona -ača mandu- "从东方升起"。所以说它是过渡性的，是因为这时它还缺自己的施事论元。这个带一个标杆的过渡性动词短语 dorona –ača mandu- "从东方升起" 作为核心语，与处于指示语位置上的施事论元 nara"太阳"合并，构成了完整的动词短语 nara dorona –ača mandu- "太阳从东方升起"；然后该动词短语 dorona –ača mandu- "从东方升起" 作为补足语与作为核心语的非过去时成分-na 合并，构成了带一个标杆的过渡性时态短语 T'。之所以说它是过渡性的，是因为这时它还缺自己的指示语。当处在动词短语指示语位置上（即与带标杆的 V'平行的位置上）的 nara "太阳" 移到时态短语的指示语位置上（即与带标杆的 T'平行的位置上）时 nara "太阳" 得到主格，从而一个完整的时态短语（即句子）就形成了。那么在树形图中的核心语、补足语、指示语和附加语都有很明确的表示法：生成句法遵守严格的二合法，即一次只合并两个成分。因此，当 X 和 Y 合并时，其中之一肯定是核心语，另一个是补足语（也有可能是附加语，但这个问题下面再讲）。如果 X 是核心语，Y 就是补足语，所构成的短语就被叫作 X 短语(即 XP)，在树形图中表示如下：

（5）

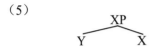

如果 Y 是核心语，X 就是补足语，所构成的短语就被叫作 Y 短语(即 YP)，在树形图中表示如下：

（6）

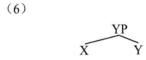

那么从指示语的性质来讲，它一般都相当于传统语法里的主语或带有标志性的定语。在生成语法里它既不是核心语，也不是补足语，但还是一个短语的必有成分。如我们再反过来看看以上句子里的指示语 nara "太阳"。它是动词 mandu- "升起"的施事论元，句中不可缺少。但我们也看到，它在短语里一般都与一个带标杆的过渡性语类（V'或 T'）平行出现。这就是它的特点。它在树形图中表示如下：

（7）

这里与 X'平行出现的 Z 就是指示语。至于附加语，它指的是表示时间、地点、方式方法等附加信息的成分，这些成分对于一个核心语来讲可有可无，因此被称为附加语。它在一个短语中的出现与否并不会影响树形图中任何节点上的符号的变化。如我们假设在下列的公式（8）中 W 是个附加语，它与 X'合并后所构成的结果仍然是 X'：

（8）

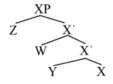

它与其他短语合并的结果也是一样的，如我们现在假设它与 XP 合并，其结果仍然是 XP。如：

（9）

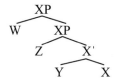

现在让我们把这一公式应用到以上所举的例句（即时态短语）nara dorona-ača manduna "太阳从东方升起"。上面我们已经提到这一句的每一个层面都是必有成分的合并，没有附加语。如果我们让表示时间的副词 hejiyede "总是、永远"与带一个标杆的过渡性动词短语 V'合并，其结果仍然是 V'。如：

（10）

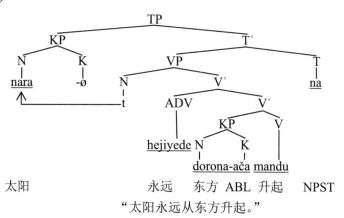

太阳　　　　　　　　　　　　永远　东方 ABL 升起　NPST

"太阳永远从东方升起。"

（四）在传统语法描写中，只有实词类才被看成是句子成分，而起非常重要的句法功能的格、复数、从属、否定、静词化、时、语气、人称等功能语类以及后置词、体助动词等功能语类被看成是名词和动词类的伴随物，从来没有得到过应有的句法地位，因而从来没有得到过充分的研究。而我们在本书中按照生成句法理论，把它们看成最重要的句法单位，即把它们看成各自能构成自己短语的功能类。也就是说，它们在自己的短语结构里起核心语的作用。如以上句子中从比格-ača 作为核心语与其补足语名词 dorona "东方"合并，构成了格短语 dorona-ača "从东方"；作为核心语的非过去时成分-na "非过去时"与其补足语动词短语 nara dorona -ača mandu- "太阳从东方升起"合并，构成了时态短语（即句子）nara dorona -ača manduna "太阳从东方升起"。

（五）在传统语法描写中，不同的句子成分用各句法学家自己想出来的单线、双线、波浪线、箭头等符号表示，分析方法五花八门、没有统一性，也没有说服力。而我们在本书中按照生成句法框架，采用国际上较通用的语类符号（即缩写名称）和倒立的树形图，把每一个细节揭示得一清二楚。我们已经或正在熟悉这些符号和公式，因此在这里不必太多的解释。

至于各语类的缩写名称，它主要来自英文相应词的缩写。当然，也有个别词的缩写可能来自英语以外的其他语言（如 K 来自德语的 Kasus "格"）。由于这些名称在树形图节点上非常清楚地标注了单词语类和短语类的属性，被越来越多的语法学者所接受。请看前言中的语类缩略表格。

熟悉了以上介绍的树形图、公式、符号以及语类的缩写名称后，我们再讨论以下的各语类短语结构就比较容易理解了。

上面我们简单介绍了短语结构规则和各语类缩写情况。接着我们将认真讨论名词、动词、形容词、数词、代词、情态词等词汇语类构成的短语及其句法结构特征，用树形图来表达。

2.2   名词短语

名词短语是指由形容词与其他语类或短语合并形成的短语，即在短语结构中名词置于核心词位置，支配其补足语或附加语。

2.2.1   名词的定义

表示人或事物名称的词叫作名词（语类标签为 N，来自英语 Noun "名词" 的第一个字母）。如：tegri "天"、ɣajar "地"、aɣula "山"、usu "水"、tala "草原"、müren "江"、ama "口"、hamar "鼻子"、sandali "椅子"、hüseleŋ "理想"、manan "雾"、salhi "风"，等等。

2.2.2   名词的分类

名词的数量非常多，包罗万象。对名词可以从不同的角度进行分类。在蒙古语语法书里，下列几种划分，对于说明名词的语法特点有一定的意义。

（1）实体名词与非实体名词；实体名词包括：hümün "人"、mal "牲畜"、usu "水"、času "雪"、nom "书"、ama "嘴"、hamar "鼻子" 等；非实体名词包括品质、属性、行为、状态以及心理状态的名称。如 hüčü "力量"、joriɣ "意志"、uhamsar "觉悟"、oyun uhaɣan "精神"、jitgül "贡献" 等。

（2）时位名词和非时位名词；时位名词是指表示时间地点的名词，如edür "日"、sara "月"、jil "年"、habur "春"、hüdege "乡村"、hota "城市"、namur "秋"、sumu "苏木" 等。时位名词（尤其是时间名词）下边接动词时，一般构成状语，非时位名词下边接动词时，一般可构成主语（或宾语）。[①]

（3）可数名词和不可数名词；可数名词在词形变化上一般有单数、复数形式，不可数名词一般没有单数、复数形式。可数名词包括表示人或事物属于某一类的类名词，如 hümün "人"、nom "书"、sandali "椅子"、bülhüm "团体" 等；不可数名词则包括抽象名词、物质名词、专有名词等。如 urm-a "情绪"、sedgihüi "思维"、usu "水"、temür "铁"、höhenaɣur "青海"、öbör moŋɣol "内蒙古" 等。

2.2.3　名词短语的结构特征

阿尔泰语言中一个名词受另一个成分的修饰或限定而构成一个名词短语的现象非常普遍，这也是我们平常所说的偏正名词短语。当然，从 X 标杆理论来讲，在类似名词短语里出现的大部分修饰成分和限定成分并不是核心词的必有成分，因而所谓的名词短语也许是一个一般名词跟一个可有可无成分结合的结构，构不成严格意义上的名词短语。不过从传统的解释来讲，这些结构确实是一个名词的扩展，有不少成分作核心名词的修饰语或限定语，因而我们只好称它们为名词短语。阿尔泰语言中修饰语或限定语一般都出现在核心名词之前。[②]跟其他阿尔泰语言一样，蒙古语里起修饰或限定作用的各语类与名词类合并，构成不同的名词短语，甚至词汇语类短语或功能语类短语与名词合并也可形成名词短语。正如下列各树形图所示，蒙古语名词短语里有：名词修饰名词构成的短语（见图 a），形容词修饰名词构成的短语（见图 b），指示代词限定名词构成的短语（见图 c），数词修饰名词构成的短语（见图 d），数量结构修饰名词构成的短语（见图 e），格短语修饰名词构成的短语（见图 f），形容词化短语修饰名词构成的短语（见图 g），后置词短语限定名词构成的短语（见图 h），摹拟词修饰名词构成的短语（见图 i）等。它们的形成过程及其结构特征用树形图表示如下：

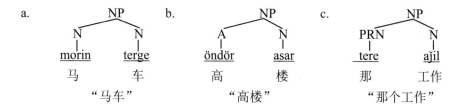

a.　NP / N morin 马　N terge 车　"马车"　　b.　NP / A öndör 高　N asar 楼　"高楼"　　c.　NP / PRN tere 那　N ajil 工作　"那个工作"

[①] 清格尔泰：《蒙古语语法》，内蒙古人民出版社 1991 年版，第 139 页。

[②] 力提甫·托乎提：《最简方案——阿尔泰语言的句法结构》，中央民族大学出版社 2017 年版，第 237 页。

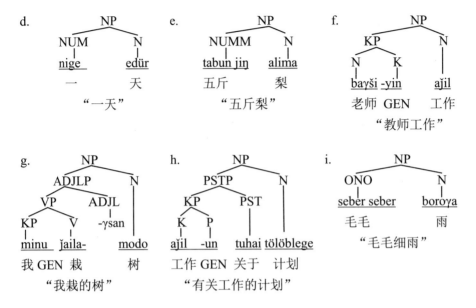

应该指出，在以上介绍的各类名词短语里，虽然名词具有核心地位，但其修饰或限定成分没有一个是必有成分，即它们的出现并不是与名词的句法需求有关，它们只是给名词作了附加性说明，因此它们是附加语。在严格的 X 标杆理论中，它们与名词合并后的结果不是 NP，而仍然是 N。显然，我们在这里用了宽式标注法。

正如以上所述，名词可以接受相应的各语类（词汇语类和功能语类）的修饰。名词同时被两个或更多成分修饰或限定的现象也较普遍，这样所组成的结构叫作复杂的名词短语。如：uraɣdaju nabtaraɣsan hančui tai nige maɣu haɣučin arasun dahu.“袖子破烂的旧的一件破大衣”。它的形成过程及其结构特征用树形图表示如下：

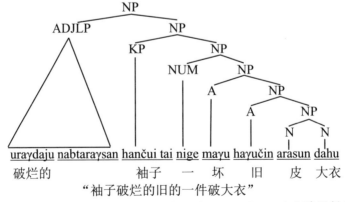

"袖子破烂的旧的一件破大衣"

再如：miŋyan ɣajar –un urtu höhe aɣula –yin eŋger hormoi "千里长的青

山山麓"是一个名词短语，该名词短语是由它内部核心名词短语 eŋger hormoi"山麓"扩展出来的，NP eŋger hormoi"山麓"首先与 KP höhe aɣula –yin"青山的"合并形成 NP höhe aɣula –yin eŋger hormoi"青山的山麓"，该短语再与 urtu"长"合并形成 NP urtu höhe aɣula-yin eŋger hormoi"长青山的山麓"，再与 KP miŋyan ɣajar –un"千里长的"合并形成 NP miŋyan ɣajar –un urtu höhe aɣula -yin eŋger hormoi"千里长的青山山麓"。它们的形成过程及其结构特征用树形图表示如下：

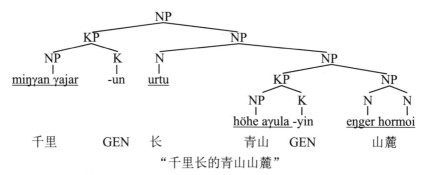

"千里长的青山山麓"

名词短语不管有多长有多么复杂，在句子中就像一个名词一样充当复数语缀、领属语缀、格语缀、后置词、系动词等功能成分的补足语，参与相应的词或短语又可构成新的名词短语。

2.3 动词短语

上一节我们重点描述了蒙古语词汇语类中的由名词构成的名词短语及其句法结构，本节我们重点探讨由词汇语类中的动词构成的动词短语结构及其形成过程，并用树形图表达。

2.3.1 动词的定义

表示动作行为、心理活动以及状态变化的词叫作动词（语类标签为 V，来自英语 verb"动词"的第一个字母）。如表示动作行为的动词在蒙古语里有 yabu-"走"、ire-"来"、ide-"吃"、uu-"喝"、hele-"说"、biči-"写"、sonos-"听"、jigele-"借"等。表示心理活动的有 bayarla-"高兴"、aɣurla-"生气"、bodo-/sana-"想"、ayu-"害怕"、horos-"恨"、ɣomoda-"埋怨、抱怨、怨恨"等。表示状态变化的有 högji-"发展"、hubira-"变化"、ös-"生长"、hata-"变干"、harala-"变黑"等。

2.3.2　动词的分类

　　动词按其词汇意义首先可分为两类：即实义动词与虚义动词。实义动词具有具体的词汇意义，句中表示主要的动作和行为，普通的动词都属于实义动词。虚义动词是辅助性的动词，主要表示抽象的语法意义，数量很少。虚义动词分为：代动词、概称动词、联系动词助动词等①，实义动词是从过程方面表示行为状态的普通动词，包括：ide-"吃"、yabu-"走"、sonos-"听"、šigümjile-"批评"、amidura-"生活"、durala-"爱慕"、oroši-"存在"等。虚义动词有iŋgihü"这样做"、yaɣahihu"怎么做"、gehü"联系动词"等。

2.3.3　动词短语的结构特征

　　蒙古语中动词一般情况下是一个短语（或句子）的核心。动词对自己的各种论元的依赖性决定了动词短语的复杂性。另外，在实际语言当中蒙古语的动词短语要么必须与静词化语缀合并，以静词化短语的形式出现；要么必须与时态语缀合并，以时态短语（即句子）的形式出现。第三种可能性，即纯粹是以动词短语的形式出现的可能性几乎没有（对第二人称一般命令式除外）。因此我们在这里把动词短语和时态短语结构放在一起讨论。后面还要专门讨论时态短语和静词化短语的结构问题。让我们先看看下列各动词短语及其与时态语缀合并后构成的相应的时态短语。

　　例 a 揭示了由只要求施事论元的一个动词构成的动词短语的结构，例 a'则揭示了该结构与过去时语缀合并后构成的时态短语（即句子）：

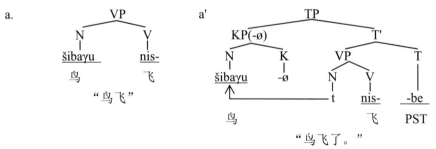

　　正如以上所述，当动词短语与时态语缀合并后，原来处在动词短语指示语（即主语）位置上的名词 šibaɣu "鸟"移到了时态短语指示语（即主语）的位置，得到了主格，从而一个完整的时态短语（即句子）形成了。由于

---

① 清格尔泰：《蒙古语语法》，内蒙古人民出版社 1991 年版，第 249 页。

与时态语缀合并后所经过的这一过程对每一个动词短语都是共同的，我们在下面的讨论中就不再重复这一过程。

　　例 b 揭示了由同时要求一个施事者和一个处所来源的动词构成的动词短语的结构，例 b'则揭示了该结构与过去时语缀合并后构成的时态短语（即句子）：

b.

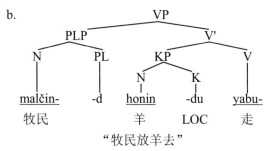

"牧民放羊去"

b'.

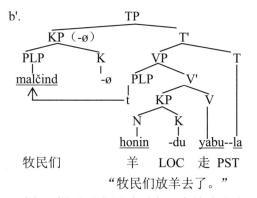

"牧民们放羊去了。"

　　例 c 揭示了由同时要求一个施事者和一个伴随活动的动词构成的动词短语的结构，例 c'则揭示了该结构与非过去时语缀合并后构成的时态短语（即句子）：

c.

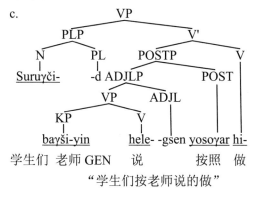

"学生们按老师说的做"

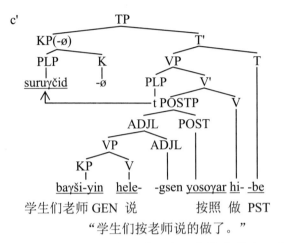

c'

"学生们按老师说的做了。"

　　例 d 揭示了由同时要求一个施事者和一个受事者（泛指）的动词构成的动词短语的结构，例 d′则揭示了该结构与过去时语缀合并后构成的时态短语（即句子）：

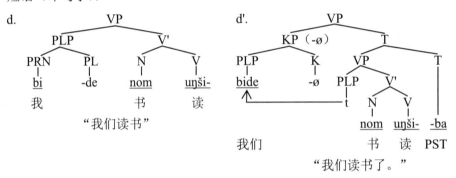

　　例 e 揭示了由同时要求一个施事者和一个受事者（特指）的动词构成的动词短语的结构，例 e′则揭示了该结构与过去时语缀合并后构成的时态短语（即句子）：

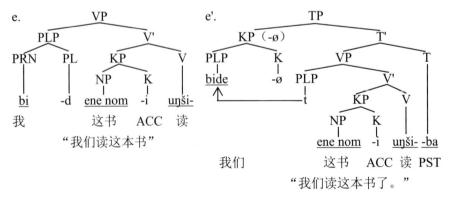

例 f 揭示了由同时要求一个施事者、一个受事者和一个对象者的动词构成的动词短语的结构，例 f'则揭示了该结构与过去时语缀合并后构成的时态短语（即句子）：

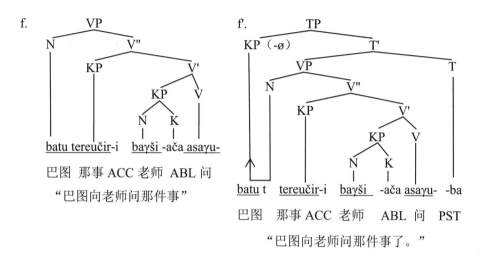

f.

batu tereučir-i　baɣši -ača asaɣu-
巴图 那事 ACC 老师 ABL 问
"巴图向老师问那件事"

f'.

batu t　tereučir-i　baɣši　-ača asaɣu- -ba
巴图　那事 ACC 老师　ABL 问 PST
"巴图向老师问那件事了。"

例 g、g'揭示了要求一个施事者、一个受事者和一个和同者的动词构成的动词短语的结构，这里我们省略了该结构与过去时语缀合并后构成的时态短语（即句子）的过程图。

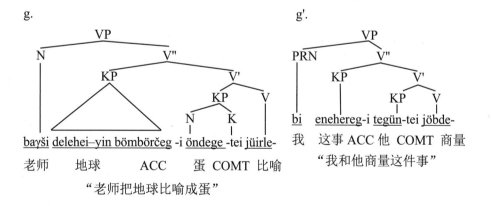

g.

baɣši delehei–yin bömbörčeg -i öndege -tei jüirle-
老师　地球　　　ACC　蛋 COMT 比喻
"老师把地球比喻成蛋"

g'.

bi enehereg-i tegün-tei jöbde-
我 这事 ACC 他 COMT 商量
"我和他商量这件事"

例 h、h'揭示了要求一个施事者、一个受事者和一个凭借者的动词构成的动词短语的结构，这里我们省略了该结构与过去时语缀合并后构成的时态短语（即句子）的过程图：

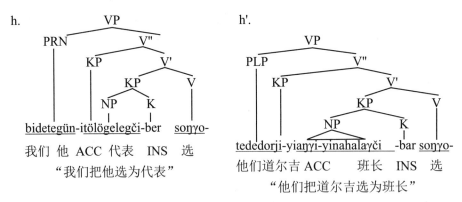

例 e 揭示了由同时要求一个施事者和一个和同者的动词构成的动词短语的结构，例 e' 则揭示了该类结构与过去时语缀合并后构成的时态短语（即句子）：

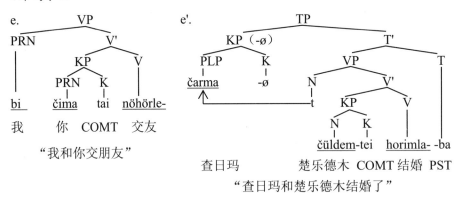

例 j 揭示了由同时要求一个施事者、一个受事者和一个接受者的动词构成的动词短语的结构，例 j'则揭示了该结构与过去时语缀合并后构成的时态短语（即句子）：

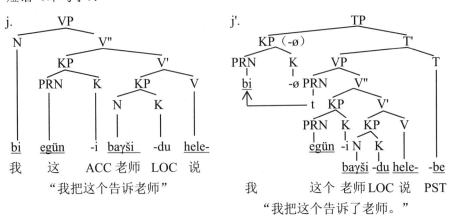

　　蒙古语有一种特殊的动词，这一类动词不要求出现任何有带格标志的名词短语或名词类作它的补足语，即它单独就能构成一个充足句的动词。这类动词包括由名词派生的表示气候、季节变化等自然现象的一些动词，如：haburši- "入春"、namurši- "入秋"、judla- "发生（风雪）灾害"、γaŋda- "干旱"等。这类动词也可以和表示地点或时间的一些词搭配构成更大的动词短语，但是这些词不改变此类动词不要求补足语的性质，即那些表示时间、地点或程度的词不是它的补足语，而是它的附加语。[①]ene jil erte haburšiba "今年入春早"、ebul judlaba "冬天发生了风雪灾害"等。由于蒙古语里haburši-la "入春了"、namurši-ba "入秋了"等表示自然变化的特殊动词的主语和谓语合为一体，我们称它为自足动词。[②]下面我们用 k、k′和 l、l′四个树形图来揭示这类动词构成的动词短语的结构如下：

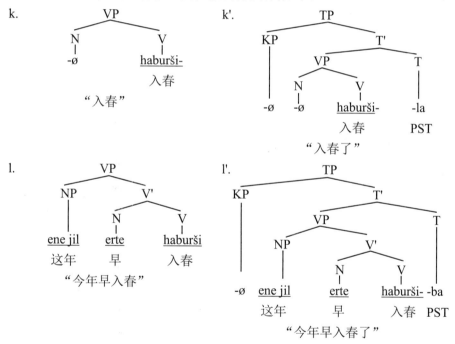

　　例 m 揭示了由同时要求一个逻辑上的受事者作主语的被动态轻动词构成的轻动词短语的结构。在类似结构里逻辑主语可以由后置词 eteged "由，……的方面"来引入句子，也可以完全省略.例 m′则揭示了该结构与

　　① 高莲花：《生成句法框架内的蒙古语动词及其句法结构研究》，中央民族大学出版社 2014 年版，第 66 页。

　　②力提甫·托乎提：《最简方案——阿尔泰语言的句法结构》，中央民族大学出版社 2017 年版，第256 页。

过去时语缀合并后构成的时态短语（即句子）：

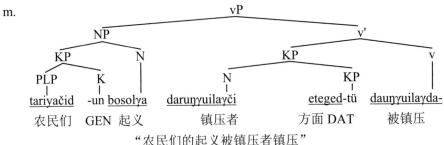

m.

"农民们的起义被镇压者镇压"

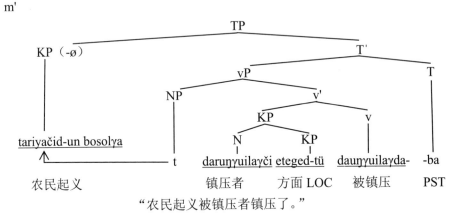

m'

"农民起义被镇压者镇压了。"

例 n 揭示了由一个系动词构成的动词短语的结构。在类似结构里主语一般是被描述的、被评价的对象，表语是被描述的、被评价的具体内容；例 n'则揭示了这类结构与时语缀合并后构成的时态短语（即句子）：

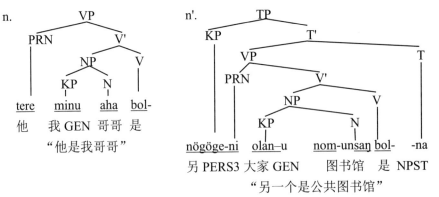

n.

"他是我哥哥"

n'.

"另一个是公共图书馆"

例 o 揭示了由同时要求一个主语和一个引语的动词 ge-"说"构成的动词短语的结构；例 o'则揭示了该结构与非过去时语缀合并后构成的时态短语（即句子）：

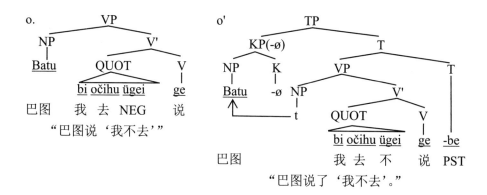

"巴图说'我不去'"　　　　　　　　　"巴图说了'我不去'。"

　　从以上的动词短语的句法结构特征描述的树形图可以看出,动词语类可以与名词语类或名词短语、格短语、形容词短语、数量结构、形容词化短语、副词化短语等合并形成动词短语。

　　动词短语按语义和功能还可细分为好多种类的动词短语,这里由于时间关系只解析了几类,这个部分的研究我们会在今后的研究过程中更加深入、更加细化。

2.4　形容词短语

　　形容词短语是指由形容词与其他语类或短语合并形成的短语,即在短语结构中形容词置于核心词位置,支配其补足语或附加语。

2.4.1　形容词的定义

　　形容词是指表示人或事物的形状、性质、特征或者形容动作、行为、变化状态的一种词汇语类。形容词(语类标签为 A,来自英语 adjective "形容词"的第一个字母①)。如蒙古语的 ulaɣan "红"、čaɣan "白"、hara "黑"、sain "好"、hola "远"、höndö "重"、hurdun "快"、urtuljin "长方形"等。

2.4.2　形容词的分类

　　从形容词的语法特点方面可以划分为如下几类:(1)性质形容词与关系形容词;性质形容词表示事物的性质、数量和形体、颜色、毛色的形容

---

　　① 力提甫·托乎提:《最简方案——阿尔泰语言的句法结构》,中央民族大学出版社 2017 年版,第50 页。

词以及派生形容词中形容词化程度较高、形容词特点较大的一些词[1]。包括：sain "好"、maɣu "坏"、hola "远"、čaɣan "白"、hara "黑"、duratai "愿意的"、tosoliɣ "油脂多的"等；关系形容词是通过某一事物或某一行为状态的关系来表示事物的特征的，它是派生形容词当中形容词化程度较低，形容词特点较小的一些词。所以缺乏形容词应具有的某些特点（如比较级的某些变化）。如：tusatai "有用的"、moritu "有马的"、ɣaltu "有火的"、mihasɣa "有肉的"、toɣtamal "一定的"等。（2）单纯形容词与副词形容词；单纯形容词只修饰名词类，单纯形容词包括大部分形容词和表示颜色、毛色类形容词以及表示人体特征的一部分形容词。如：čaɣan "白"、hara "黑"、moritu "有马的"、ɣaltu "有火的"等。副词形容词则即修饰名词类，也修饰动词类，包括上述以外的大部分性质形容词，还包括少数的关系形容词。如：sain "好"、maɣu "坏"、yehe "大"、baɣa "小"、sohor "瞎子"、doɣolaŋ "瘸子"、eregul "健康"等。

2.4.3　形容词短语的结构特征

形容词充当修饰语的功能多，但有级形容词可接受程度副词的修饰，构成形容词短语。

蒙古语的形容词短语可以由一个形容词、名词或与一个副词合并而构成（如例 a），也可以与一个格短语合并而构成（如例 c）：

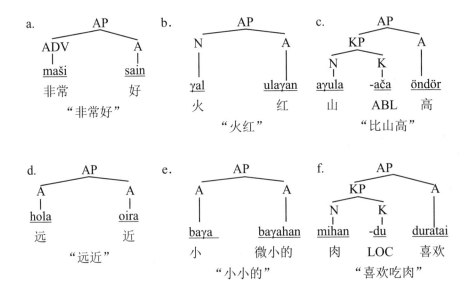

---

① 清格尔泰：《蒙古语语法》，内蒙古人民出版社 1991 年版，第 183 页。

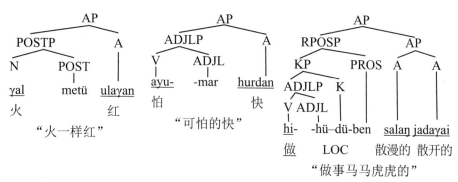

从以上的形容词短语的句法结构特征描述的树形图可以看出形容词语类可以与副词语类、名词语类、名词短语、格短语、形容词化短语、后置词短语等词汇语类和短语类合并形成形容词短语。

形容词短语一般像一个形容词一样，在句中可以修饰其他名词类，充当它们的扩展成分。当然，形容词短语作为名词类，充当复数语缀、从属语缀、格语缀、系动词等功能成分的补足语的现象也比较普遍。[1]

2.5　数词短语

数词短语是指由数词与其他语类或短语合并形成的短语，即在短语结构中数词置于核心词位置，支配其补足语或附加语。

2.5.1　数词的定义

表示事物和行为的数量及次序的词叫作数词。数词（语类标签为 NUM，来自英语 numeral "数词"的前三个字母）指计算人或事物的数量、顺序、编码等的语类[2]，如蒙古语的 nige "一"+hümün "人"=nige hümün "一个人"，γurbaduγar "第三"+edür "天"=γurbaduγar edür "第三天"，nige "一"、hoyar "二"、nigedüger "第一"、arba "十"、tabi "五十"、hoyarta "二次"、γurbaγula "三个"、nigedehi "第一"、nige-dü "第一"、uuγan "第一个"、odγan "末一个"等。

2.5.2　数词的分类

数词按其所表示的意义和计算方法可分为基数词、序数词、集合数词、

① 清格尔泰：《蒙古语语法》，内蒙古人民出版社 1991 年版，第 240 页。
② 力提甫·托乎提：《最简方案——阿尔泰语言的句法结构》，中央民族大学出版社 2017 年版，第 57 页。

概数词、分配数词、次数词、分数词七种。[①]例如：nige "一"、hoyar "二"、nigedüger "第一"、hoyaduyar "第二"、arbayad "十来个"、tabi šiham "五十来个"、hoyar-un nige "二分之一"、hoyar hoyar-iyar öghü "两个两个地给"、arba arba -bar hubiyahu "十个十个地分"、hoyarta "二次"、yurbayula "三个"、nigedehi "第一"、nige-dü "第一"、uuyan "第一个"、odyan "末一个"等。

2.5.3　数词短语的结构及其结构特征

不是所有的数词都能构成自己的短语，即数词能够充当短语结构中的核心词时可以称它为数词短语。例如：bide hoyar "我们俩"、tede tabuyula "他们五个"、hočoruysan nige "迟到的一个"、tabun tabu horin tabu "五五二十五"等。下面我们用树形图揭示这些数词短语的句法结构特点如下：

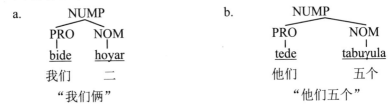

上面两个短语中的数词都是与代词合并形成的数词短语。

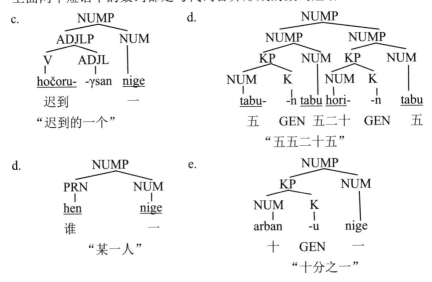

从以上的数词短语的句法结构特征描述的树形图可以看出数词语类可以与代词语类或形容词化短语、格短语等合并形成数词短语。

---

① 清格尔泰：《蒙古语语法》，内蒙古人民出版社 1991 年版，第 194 页。

2.6 数量结构

蒙古语量词不多，大多都是借用名词。量词一般先与数词结合形成数量结构。

2.6.1 量词的定义

表示事物或动作计算单位的词叫作量词（语类标签为 M 或 MEAS，来自英语 measure word "量词" 的第一个或前四个字母），如蒙古语的 tohoi "尺"、γajar "里"、imahu "寸"、alta "五尺"、hos alta "一丈" 等。

2.6.2 量词的分类

根据量词的意义和用法，蒙古语量词可以分为如下几类：

（1）物量词包括度量衡单位的，如 tohoi "尺"、γajar "里"、imahu "寸"、alta "五尺"、hos alta "一丈"、saγsu "筐"、ayaγa "碗"、ama "口"、boti "卷"、toloγai "头"、saγuri "座" 等。

（2）动量词，如 udaγa "次"、dahin "回、倍"、alhum "步" 等。

（3）时间量词，如 čaγ "小时"、müče "刻"、edür "天"、sar-a "月"、honoγ "宿"、γaraγ "周"、jil "年、世纪" 等。

2.6.3 数量结构的结构特征

量词不能直接与名词合并而充当限定语，一般都与数词一起构成数量结构（NUMM），然后充当限定语或修饰语，如 γurban obuγa negüresü "三堆煤"、γurban honoγ "三宿"、tabun edür "五天" 等。可用树形图表示如下：

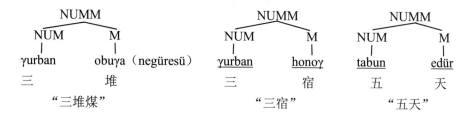

从以上的数量结构的句法结构特征描述的树形图可以看出，量词语类可以与数词语类合并形成数量结构。

这类结构也是短语的一种，不过习惯上叫作数量结构。数量结构本身也属于名词类，因此它也可以与复数短语、格语缀、第三人称从属语缀、系动词等功能成分合并，充当它们的补足语（complement）[①]。

2.7 情态词短语

情态词短语是指由情态词与其他语类或短语合并形成的短语，即在短语结构中情态词置于核心词位置，支配其补足语或附加语。

2.7.1 情态词定义

表示人对现实现象和它们之间的关系的态度，也就是说话人对言语内容的态度的一类词叫作情态词。如表示可能、大概、一定、肯定、显然、应当、必须、尤其、只有等[②]。情态词（语类标签为 MOD，来自英语 Modality "情态词"的前三个字母）。例如：baruɣ "大约"、arai "将将、不至于"、lab "一定"、maɣad ügei "不一定"、yaɣ "正、完全"、ünen degen "实际上"、sejigleši ügei "不可动摇"、medegeji-ber "大家知道"、medegeji-yin hereg "众所周知"、yariyan ügei-ber "毫无疑问的"、heregtei "需要"、yosotai "应当"、jabal "一定"、ilaŋɣuya "尤其"、jübhen "只是"、herhibečü "无论如何"等。

2.7.2 情态词分类

情态词可分为如下几类：

表示推断的，有：baruɣ "大约"、arai "将将、不至于"、lab "一定"、maɣad ügei "不一定"；表示肯定的，有：yaɣ "正、完全"、ünen degen "实际上"、sejigleši ügei "不可动摇"；表示显然、当然的，有：medegeji-ber "大家知道"、medegeji-yin hereg "众所周知"、yariyan ügei-ber "毫无疑问的"；表示应当、必须的，有 heregtei "需要"、yosotai "应当"、jabal "一定"；表示强调的，有 ilaŋɣuya "尤其"、jübhen "只是"、herhibečü "无论如何"等。情态词本身没有形态变化，但情态词在句子中的作用互相有所不同。有的类似副词，有的类似形容词，有的能充当谓语或组成复合谓语。[③]

[①] 力提甫·托乎提：《最简方案——阿尔泰语言的句法结构》，中央民族大学出版社 2017 年版，第 241 页。

[②] 清格尔泰：《蒙古语法》，内蒙古人民出版社 1991 年版，第 425 页。

[③] 清格尔泰：《蒙古语法》，内蒙古人民出版社 1991 年版，第 427 页。

2.7.3　情态词短语的结构特征

　　遵循短语结构规则不是蒙古语的所有情态词能够形成自己的短语的，即能够充当短语的核心词的情态词才有资格构成自己的情态短语。这类情态词有 maɣad ügei "不一定"、heregtei "需要"、yosotai "应当"、mayiɣtai "好像"、saɣad ügei "不一定"、damjiɣ ügei "无疑、肯定"、medegeji-yin hereg "众所周知" 等。例如：jarim ni yabuhu ügei maɣad ügei. "有的不一定不走"、tere hümün yabuhu ni labtai. "那个人一定走"、tere čini medegeji yin hereg. "那是明摆的事"、ajil-un egürge –ben güičedgehü heregtei. "工作任务应当完成"、terečini yariyan ügei "那是当然的"、ene daɣuu baruɣ monɣol nutuɣ tu inɡijü delgeregsen bololtai "这首歌可能就这样流传于蒙古地区" 这些短语结构中情态词位于核心词位置，支配该短语结构中的补足语或附加语，形成自己的短语。用树形图揭示这些情态词短语的形成过程及其结构特征如下：

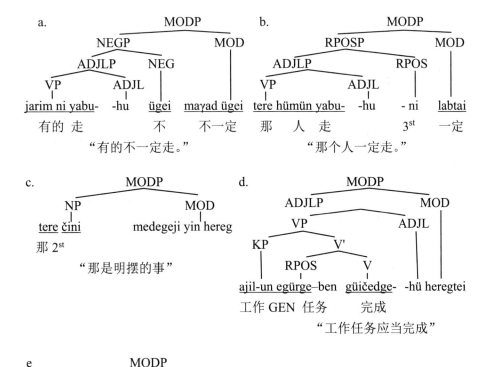

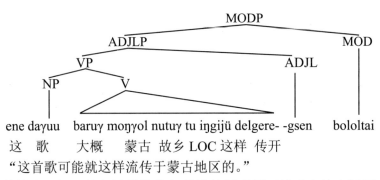

"这首歌可能就这样流传于蒙古地区的。"

从以上的情态词短语的句法结构特征描述的树形图可以看出情态词语类可以与名词语类或名词短语、形容词化短语、否定短语、后置词短语等合并形成情态词短语。

2.8　代词短语

代词短语是指由代词与其他语类或短语合并形成的短语，即在短语结构中代词置于核心词位置，支配其补足语或附加语。

2.8.1　代词的定义

能够代替名词、形容词、数词和时位词的具有比他们更大的概括性的一类词叫作代词（语类标签为 PRN，来自英语的 Pronoun "代词" 的压缩形式）。如蒙古语的 bi "我"、hen "谁"、ene "这"、tere "那"、hedüi "多少"等。代词本身很抽象，概括性很大，可以指任何事物和现象，但到具体语言环境，它所指的事物和现象就可以具体化到相当于某个具体的词。所以代词所表达的实际意义要联系语言环境或上下文才可以理解。这里说的代词实际上是一种代静词，因为另外还有代替动词类的代动词①。

2.8.2　代词的分类

根据代词的意义，可把他们分为以下几类：（1）人称代词，如 bi "我"、či "你"、bide "我们" 等；（2）反身代词，如 öber "自己"；（3）指示代词，如 ene "这个"、tere "那个"、tedeger "那些"、ende "这里"、tende "那里"等；（4）疑问代词，如 yaɣu "什么"、hedü "几个"、hamiɣ-a "哪里"；（5）不定代词，如，hennige "谁某"、yaɣu nige "什么东西" 等；（6）范围代词，如 bügüdeger "都"、hamuɣ "一切"、jarim "某些"、astaɣan "另外" 等。

---

① 清格尔泰：《蒙古语语法》，内蒙古人民出版社 1991 年版，第 220 页。

2.8.3　代词短语的结构特征

　　有些代词在短语结构中充当核心词支配补足语或附加语，这时可称为代词短语。比如：minu ende"我这里"、tan-u tende"你们那里"、hamtu neite"集体"、dayaɣar olan"大家"ɣaraɣ -un hedün"星期几"、hočoruɣsan hedü"迟到的几个"、hejiy-e hamiɣ-a"什么时候在哪里"、hariɣsan ni hen"回去的是谁"、maɣu či"坏坏的你"、hoyar ondoo"俩不一样"、doorahi hedü"下面的几个"等，用树形图揭示这些代词短语的形成过程以及它们的句法结构特点如下：

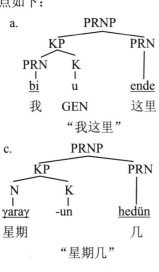

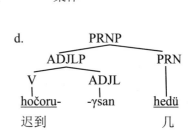

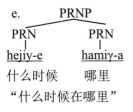

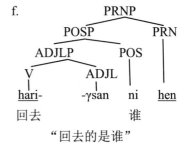

这里例 tan-u tende "你们那里"与 minu ende "我这里"和 dayaɣar olan "大家"与 hamtu neite "集体"短语的结构是一样的，所以在这里省略了他们的树形图。从以上的树形图可以看出，代词语类可以与格短语、代词语类、形容词化短语、后置词短语、形容词语类、数词语类和时位词语类等词汇语类和短语合并形成代词短语。

2.9　摹拟词短语

摹拟词短语是指由摹拟词与其他语类或短语合并形成的短语，即在短语结构中摹拟词是核心词，由它来支配补足语或附加语的短语。

2.9.1　摹拟词的定义

用来摹拟自然声音、感觉状态或人体感受的词叫作摹拟词（语类标签为 ONO，来自英语 onomatopoeic word "摹拟词"的前三个字母）。摹拟词在阿尔泰语言中有特殊地位，能使语言表达出更加生动、形象、真实的感觉。摹拟词一般都是复合式的。[①] 如 ser ser "嗖嗖"、daŋdaŋ "叮叮"、jir jir "啾啾"、waŋwaŋ "旺旺"、miaomiao "喵喵"等摹声词，还有 alčaŋ alčaŋ "蹒跚"、doɣolos doɣolos "一瘸一拐"、boŋboŋ "一颠一颠（地慢跑）"等。

2.9.2　摹拟词的分类

蒙古语摹拟词可分为模声词和拟态词。如 ser ser "嗖嗖"、daŋdaŋ "叮叮"、jir jir "啾啾"、waŋwaŋ "旺旺"、miaomiao "喵喵"等摹声词还有 alčaŋ alčaŋ "蹒跚"、doɣolos doɣolos "一瘸一拐"、boŋboŋ "一颠一颠（地慢跑）"等拟态摹拟词。

2.9.3　摹拟词短语的结构特征

摹拟词很少能够形成摹拟词短语，但有时也能构成摹拟词短语。所以在这里专门设立了摹拟词短语。例如 ɣalaɣu šibaɣu ɣaŋɣar ɣoŋɣor "雁鸟碢碢啾啾"、ulaɣan tuɣ dalbas dalbas "红旗飘飘"、habur -un salhi ser ser "春风飕飕"等。用树形图表示它们的形成过程及其结构特征如下：

---

① 力提甫·托乎提：《最简方案——阿尔泰语言的句法结构》，中央民族大学出版社 2017 年版，第 66 页。

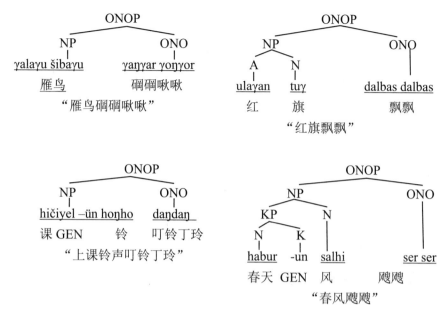

　　摹拟词的主要功能在于短语结构当中充当附加语，因此很少有能够充当核心词形成自己的摹拟词短语。从以上的摹拟词短语句法结构特征的树形图可以看出有些摹拟词可与名词语类或名词短语合并形成摹拟词短语。

2.10　时位词短语

　　时位词短语是指由时位词与其他语类或短语合并形成的短语，即在短语结构中时位词置于核心词位置，支配其补足语或附加语。

2.10.1　时位词的定义

　　表示时间和地点的意义，既有实词性又有虚词性的一类词称为时位词（语类标签为 LQ，来自英语 locative -qualitative "时位" 的前两个字母）。时位词从它表示的意义来说，与时位名词很接近，但时位名词只有实词性，而没有虚词性（不能充当后置词）因而互相有所不同。时位词在它的虚词性方面，与时位后置词很接近，但时位后置词不能独立运用，因而互相也不同。此外，很大一部分时位词还有自己的特殊变化形式。[①]蒙古语有关时位词的详细情况可参看清格尔泰先生的《蒙古语语法》中描述时位词的部分。

---

　　① 清格尔泰：《蒙古语语法》，内蒙古人民出版社 1991 年版，第 208 页。

2.10.2 时位词的分类

根据时位词的意义和形态变化，可以把它们分为三类：第一类是具有特殊的时位词变化的。这类词的词根形式有十几个，连同变化形式共有八九十个单词①。如，emün-e"南"、hoin-a"后"、baraɣun"西"、jegün"东"等；第二类是没有特殊的时位词变化，而只有一些不同程度的格变形式的，这样的词有二十来个②。如，hojim"以后、后来"、hamtu"一同、一起"、urid hojid"前后"等；第三类是"边"（具有"原野"、"身体"意义的 tal-a,bey-e 不在此列）等少数几个词。它们可以和第一类时位词组成复合时位词。它们组成的复合时位词也和单纯时位词一样既有实词性又有虚词性③。如 emüne tal-a"南边"、hoitu tal-a"北边"、jegünbey-e"东边"、naɣatai bey-e"这边"等。

2.10.3 时位词短语的结构特征

不是所有的时位词能够形成自己的时位词短语。按短语结构规则，在短语结构中只有核心词是时位词的情况下才能构成时位词短语。例如：hašiyan dotor-a"院子里"、ail-un baraɣuntai"村西"、haɣas jil-un dotor-a"半年之内"、nara ɣarhu tai sačaɣu"日出之时"、ɣajar door-a"地下边"、hota-yin dotoɣur"市内"、iregsen ü daraɣa"来了之后"、egüden –ü deger-e"门上"、yabuɣsan-u hoin-a"走了之后"、hudduɣ-un oiralčaɣ-a"井附近"、ündüsüten-ü hoyorondu"民族之间"、očihu-yin jaɣur-a"去的那瞬间"等，用树形图揭示它们的形成过程及其结构特征如下：

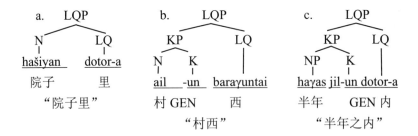

① 清格尔泰：《蒙古语语法》，内蒙古人民出版社 1991 年版，第 208 页。
② 清格尔泰：《蒙古语语法》，内蒙古人民出版社 1991 年版，第 214 页。
③ 清格尔泰：《蒙古语语法》，内蒙古人民出版社 1991 年版，第 214 页。

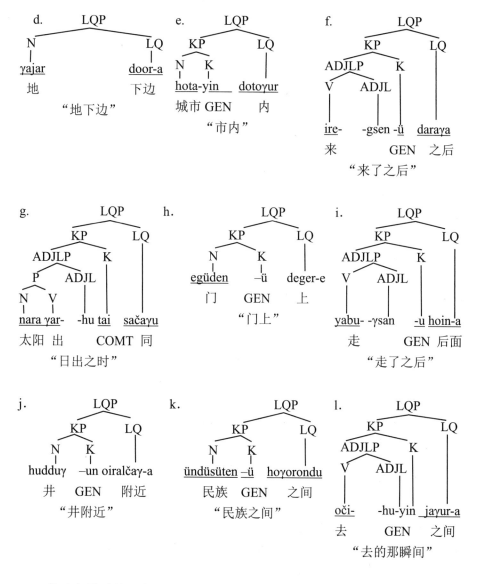

从以上的时位词短语的句法结构特征描述的树形图可以看出，时位词语类可以与名词语类或名词短语、格短语等词汇语类和短语合并形成时位词短语。

第三章　功能语类短语及其结构特征

上一章我们重点探讨了蒙古语词汇语类短语及其结构。本章重点探讨功能语类构成的短语及其结构。有关阿尔泰语言功能类的句法属性的相关问题请参看力提甫·托乎提教授的《重新认识阿尔泰语言功能类的句法属性》一文①。功能语类包括两大类，即自由功能语类和黏着功能语类。自由功能语类有格、后置词、副词、连词、语气词、感叹词、人称领属、反身领属、助动词、否定成分等。黏着功能语类有时、态、体、式和静词化成分（形容词化成分、副词化成分、名词化成分）等。有的复数语缀自由使用，有的黏着使用。

3.1　格　短　语

格是蒙古语名词语法范畴之一，属功能语类。格短语是指由格与其他语类或各类短语结构合并形成的短语，即在短语结构中格置于核心词位置，支配其补足语或附加语。

3.1.1　格的定义

格是用来表示名词和别的词的关系以及它在词组和句中的功能的。②格（语类标签为 K，来自德语 Kasus "格"的第一个字母）附加成分的使用是阿尔泰语言的一大特点，它们的功能相当于印欧语言的介词的功能。③蒙古语的名词，处在词组和句子中时，总是处于某一种格的形式。不是处于这个格，就是处于那个格。如-yin / -Un / -U "领格"、-dU "向位格"、-eče "从比格"等。

---

①力提甫·托乎提：《重新认识阿尔泰语言功能类的句法属性》，《民族语文》2015 年第 2 期，第 36-54 页。

② 清格尔泰：《蒙古语语法》，内蒙古人民出版社 1991 年版，第 149 页。

③ 力提甫·托乎提：《最简方案——阿尔泰语言的句法结构》，中央民族大学出版社 2017 年版，第 168 页。

3.1.2　格的分类

蒙古语名词有七个基本的格，按照阿尔泰语的中心词在后的一般原则，除了主格以外，蒙古语的其他六种格都可以构成自己相应的短语。即蒙古语格短语是由以下除主格外的其他六类格语缀构成的。

格语缀

序号	格名称	格语缀
1	主格	-ø
2	领属格	-yin，-Un，-U
3	宾格	-i；-yi
4	向位格	-dU；-tU
5	从比格	-AčA
6	凭借格	-bAr；-iyAr
7	和同格	-tAi

其中除了主格，其他 6 个格都可以直接构成自己的短语。

3.1.3　格短语的结构特征

蒙古语的格范畴研究在传统语法和结构主义语法框架内已经取得了相当显著的成果。这里最有代表性的是清格尔泰教授的研究成果[1]。他认为现代蒙古语有七种基本格，并很细致地分析了它们的书写形式、正字规则、口语读音及它们所回答的问题。他的研究被学界普遍认可。但是蒙古语格作为名词的语法范畴，至今还没有得到它自己应得的位置。因为，（1）片面地认为格只是连接名词词根的形态变化成分。（2）认为格只是名词的一种语法范畴。其实它除了名词以外与形容词、数量词、时位词、代词、名词化短语、形容词化短语、复数短语等各名词性语类合并构成格短语的实际功能被掩盖了。[2]

在以实词为中心的结构主义语法框架内，所有的功能语类几乎都没有它自己的语法地位。结构主义理论的哲学基础是经验主义，研究方法是描写法。但是，乔姆斯基的生成语法理论，尤其是最简方案被提出以来，这

---

① 清格尔泰：《蒙古语语法》，内蒙古人民出版社 1991 年版。

② 力提甫·托乎提：《从短语结构到最简方案——阿尔泰语言的句法结构》，中央民族大学出版社 2004 年版。

些现象慢慢在被改变。因为就如乔姆斯基自己重复重申的，生成语法理论的哲学基础是理性主义，研究方法是描写法和解释法，追求描写的充分性和解释的充分性。

蒙古语的功能语类有很多种。这里我们描写格的句法特点，（1）认为格不是单一名词词根的形态变化成分，而是与所有名词或名词类短语合并构成自己的格短语的语法成分。（2）格不仅与名词或名词短语合并，还可以与形容词、数量词、时位词、代词、名词化短语、复数短语等所有名词性质的语类合并构成自己的短语。

蒙古语格有它自己专门的附加成分，不能独立的参与到短语和句子结构当中。一般先与名词或名词类合并构成格短语，然后该短语以一个整体的身份参与更大的短语或句子结构当中。格短语以它自己的特点及呈现的位置不同而担任必有成分、主语、附加成分等不同的语法角色。蒙古语有 7 种语法格，其中主格处于零形式，一般与句子的时和式照应充当主语。因此，主格是隐形的。如果一个名词类没有出现在句子的主语位置而且还没有与任一一个格合并的话，就认为它还是名词类原型。例如："eji ger –tü oroba"中的 eji 是处于主格位置，然而"hüü -ben sanaɣsan eji"中的 eji 即没处于主格位置，又没有别的任一一类格合并。因此我们认为这里的 eji 是名词原型。其他格都有自己专门的表现形式，很容易辨别。作为功能语类的格语类不仅能与名词和名词类结合，而且还能与所有名（静）词类语类合并构成自己的短语。我们所说的名词类语类是指下面分类中的有 +N 特点的语类。我们把语类分类用图表表示如下：

动词	-N, +V	动词	轻动词	体助动词				
名词	-N, -V	副词	副词化短语					
	+N, -V	名词	形容词	代词	数词	量词	名词化	形容词化

这里，我们以有没有±N 和±V 特点为标准，把蒙古语所有语类有+V 特点的分为动词类，有-V 特点的分为静词类。再把静词类分为有+N 特点的是名词类[1]，有-N -V 特点的分为非名词、非动词类（简称非名词类）。这是一个跨语类的分类。蒙古语格可以与名词类和除它以外的所有名词类及短语合并，因为它们都有一个共同特点即+N。

蒙古语格附加成分作为一种功能语类，它不仅可以与单一名词类合并而且还能与所有名词性质的短语合并。任何一个格与名词类合并构成的结

---

① 力提甫·托乎提：《维吾尔语名词性语类的句法共性》，《民族语文》2006 年第 4 期。

构里，格是核心，处于支配的位置，与它合并的名词成分是必有成分、处于被支配的位置。因此，格语缀能够构成自己的短语是理所当然的。下面我们举例说明常见的几类格短语用树形图表示如下：

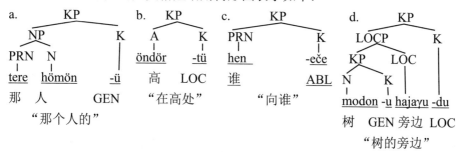

上面我们简述了蒙古语格短语种类及其句法层次关系。需要指出的是，这是生成语法框架内的形式化的定义。在这里我们简单描写了各类格短语所表达的语法意义。因为，这个问题在传统语法和结构主义语法里研究得已经很深入了，下面我们用生成语法理论阐明有关格和格短语的几个问题。

1. 格的跨语类特点

上面我们按照有没有±N 或±V 特点为标准分类名词、形容词、副词和动词等跨语类。我们还用同样的标准分为格短语类。因为我们很容易知道在具体的语言环境中一个格短语经常成为与另一个格附加成分结合的基础。例如，aha-yin-du，ger-tü-eče 等。这是因为格合并的对象是有名词类性质，格附加成分本身就有+N 特点。因此，由它们形成的格短语后面可以缀加其他格附加成分。正因为有这个特点，可以把蒙古语领属格、向位格、和同格认为有+N 特点，相对地把凭借格、从比格、宾格认为是-N 性质。

2. 并列格短语问题

蒙古语里有几种格短语并列出现，可构成并列结构。例如，aha-du、degüü-dü、egeči-dü、ajilčin -ača、tariyačin -ača、segegeten -eče 等。从上面的并列格短语结构中可以知道，不管有几个并列短语，功能语类格的附加成分总是一致的。

3. 语法格与语义格的关系

蒙古语语法格是看得见的实际存在，而美国语言学家 Fillmore 于 1968 年提出的格不同于语法格。有关蒙古语语义格的详解可以参看德力格尔玛老师的著作①，但是，生成语法学家基于 Fillmore 的格理论提出的论元作用来看，蒙古语格与论元的概念也不同。生成语法学家力提甫·托乎提教授

---

① 德力格尔玛：《蒙古语语义研究》，辽宁民族出版社 2001 年版。

从各类论元和名词与动词的逻辑关系中，总结归纳出了施事、受事、地点、原因、来源、经过、工具等十多个论元作用①。

从上述可以知道，蒙古语的格是与名词类合并后构成自己的格短语的。有些是与动词类合并，发挥论元作用；有些是不能与动词类合并，没有论元作用。从起论元作用的格短语和论元本身的意义来看，它们也不会完全吻合的，因此有必要澄清这个关系。②

虽然蒙古语有 7 种格，但是作为必有论元与动词真正发生关系的格短语一般都是由主格、宾格、向位格、从比格、凭借格、和同格构成的格短语。虽然领属格能够与动词直接联系，但是不能构成论元关系，因此这里我们省略了领属格。当然，以上所述的有些格短语的在有的时候还会成为可有可无论元。所以格短语中真正能够成为必有论元的实际上只有主格、宾格、向位格。

4. 格与动词语态的关系

蒙古语动词本身特征极其复杂。根据句中所要求的论元名词，我们把蒙古语动词可以分为 12 种子语类③。当这些动词有不同的语态变化或出现重叠现象时其结构会变得更加复杂，但这种变化与其所要求的论元之间具有非常规律的对应关系。有关轻动词理论与蒙古语动词语态变化的详情，请参看高莲花《轻动词理论与蒙古语动词语态变化》④，在此不再赘述。

以经验主义为基础的结构主义句法研究中，实词始终占据主导地位，而真正能够表达句法意义的功能语类被视为实词类的形式变化或跟随成分。现在我们以理性主义为哲学基础的生成语法理论，尤其是以"最简方案框架"为指导，给予功能语类以语法地位，并认为其为句法研究中的核心问题之一。我们在此确认蒙古语格属于功能语类，并提出了两种见解。

（1）蒙古语的格不仅是名词的形式变化，而且是与所有名词类或有名词性质语类合并时充当核心成分。

（2）蒙古语的格不仅是名词的语法范畴，而且是与所有名词性质语类合并构成格短语的功能语类。如下图所示：

① 力提甫·托乎提：《从短语结构到最简方案——阿尔泰语言的句法结构》，中央民族大学出版社2004 年版。

② 力提甫·托乎提：《从短语结构到最简方案——阿尔泰语言的句法结构》，中央民族大学出版社2004 年版。

③ 高莲花：《生成句法框架内的蒙古语动词子语类特征》，《中央民族大学学报》2007 年第 2 期。

④ 高莲花：《轻动词理论与蒙古语动词语态变化》，《内蒙古民族大学学报》2007 年第 6 期。

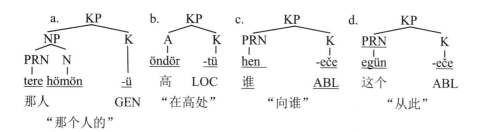

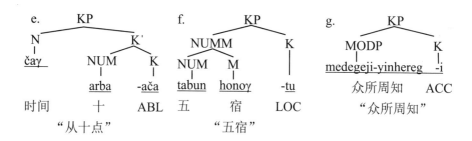

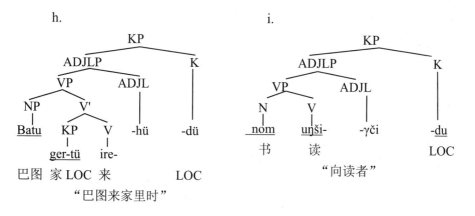

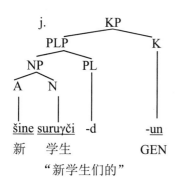

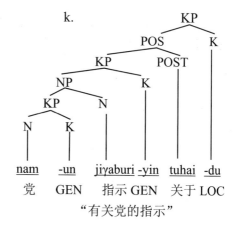

从以上的几个格短语的构成看，名词类都可以作为格语缀的补足语出现。比如作为格语缀补足语的有：名词短语（见图 a）、形容词（见图 b）、代词（见图 c、d）、数量结构（见图 f）、代词（见图 e）、摹拟词（见图 g）、形容词化短语（见图 h、i）、复数短语（见图 j）、后置词短语（见图 k）等。其中将例 e 中的 čaɣ "时间、钟点、时钟" 作为指示语处理也是非常理想的。这类问题过去我们基本没有讨论过。这就是说，我们也承认格短语(KP)也有自己的指示语。

3.1.4 重叠格短语

重叠格是指蒙古语里有些格附加成分后面缀加别的格附加成分来表示词与词之间的更复杂关系的一种形式。重叠使用时能够做基础的格有：和同格、领属格、向位格三种格[①]。这三类重叠格所表示的意义可参见内蒙古大学蒙古学学院蒙古语文研究所主编的《现代蒙古语》。我们在这里主要描述由重叠格构成的重叠格短语的结构，用树形图表示。

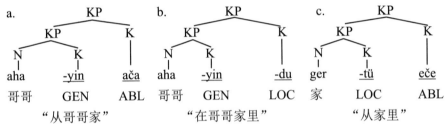

总而言之，不管这些格怎么重叠使用，都可按中心词在后、两个节点合并的原则来解决格重叠使用的问题。

3.2 后置词短语

后置词短语是指由后置词与其他语类或短语合并形成的短语，即在短语结构中后置词置于核心词位置，支配其补足语或附加语。

3.2.1 后置词的定义

用在静词后边，表示静词和其他词的种种关系，并增添某种语法意义的一类虚词叫作后置词[②]（语类标签为 POST，来自英语 postposition "后置词"的前四个字母）。蒙古语后置词有：yosoɣar "按照"、medü "像"、tuhai

---

① 内蒙古大学蒙古学学院蒙古语文研究所：《现代蒙古语》，内蒙古人民出版社 2005 年版，第 387 页。

② 内蒙古大学蒙古学学院蒙古语文研究所：《现代蒙古语》，内蒙古人民出版社 2005 年版，第 107 页。

"关于"turšida "过程"、hürtele "到"等。

3.2.2　后置词的分类

蒙古语后置词按其意义可分为：（1）表示比较的，如；šiG "像"、adali "一样"、yosoɣar "按照"等。（2）表示时位的，如，turšida "过程"、daɣau "沿"、daɣus "整个过程"等。（3）表示数量和范围的，如，ilegüü "多"、šihaɣu "约"、bolɣan "每"等。（4）表示原因和目的的，如，tula "因为、所以"、bolhor "由于"、tölöge "为"等。（5）表示对象的，如，tuhai "有关、关于"。（6）表示递进关系的，如，tutum "每"、tusum "愈"等。

3.2.3　后置词短语的结构特征

蒙古语的 30 多个后置词都可以与名词类成分自由合并，构成自己的后置词短语。其中，有些后置词可以与不带任何格的名词、名词短语、并列名词、代词、名词化短语、形容词化短语、从属短语、复数短语等合并，还有的要求要与格短语合并。例如：arad tömen-ü tölöge "为人民"、honi šiɣ "羊一样"、yehe hural-un tuhai "关于大会"、baɣši-yinhelegsen yosoɣar "按照老师说的"、helehü tusum "愈说愈"、tegün-i üjegsen metü "好像见过他似的"用树形图表示这些后置词短语的形成过程及其结构特征如下：

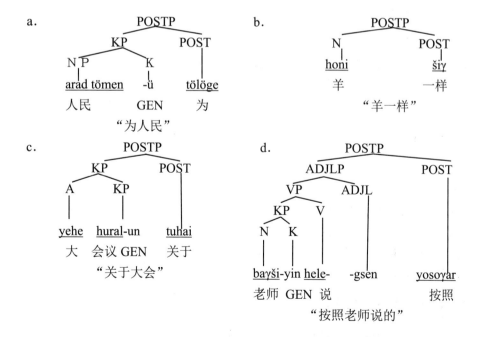

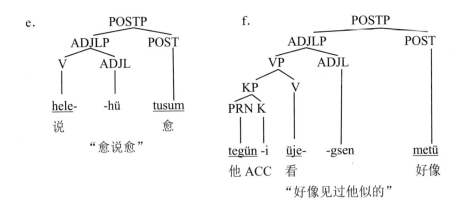

"愈说愈"

"好像见过他似的"

从以上的后置词短语的句法结构特征描述的树形图可以看出后置词语类可以与名词语类或名词短语、格短语、形容词化短语合并形成后置词短语。

3.3   副词短语

副词短语是指由副词与其他语类或短语合并形成的短语，即在短语结构中副词置于核心词位置，支配其补足语或附加语。

3.3.1   副词的定义

出现在动词、形容词之前，在工作状态、方式、时间、地点、事物性质、程度等方面修饰或限制动词或形容词的词叫作副词（语类标签为 ADV，来自英语 adverb"副词"的前三个字母）。如：hejiyede"永远"、maši"很"、neŋ"更"、ürhülji"经常"等。

3.3.2   副词的分类

蒙古语副词按其意义可分为如下四类：（1）程度副词，如，maši"很"、neŋ"更"、neliyed"相当"、bürimüsün"完全"等。（2）时态副词，如，ürhülji"经常"、egenegte"到底、总是"、darui"立刻"、tür jaγur-a"暂时"等。（3）状态副词，如，arai čarai"好容易"、yab čab"恰好"、joriγuda"故意"、ayandaγan"自然而然"等。（4）造形副词，如 čoγo"穿"、tasu"断"、čömö"塌"、hemhe"粉碎"等。

3.3.3   副词短语的结构特征

不是所有的副词都能够构成自己的短语，在这里我们只讨论能够构成自己短语的副词。即，按蒙古语中心词在后的原则，副词在短语结构中充当核心词支配补足语或附加语时可形成自己的短语结构。

蒙古语的副词短语可以由一个副词与另一个表示程度的副词合并而构成，也可以与一个格短语合并而构成。例如：čaγ ürhülǰi "经常"、tegün eče següler"从那以后"、ajil hihü -dü haši yaši"做事马马虎虎"、batu hejiyede haltu mültü"巴图总是草率"、čaγ imaγta"时常"、hejiy-e imaγta"总是"、üni egüride "永远"、dahin dahin "再三" 等，用树形图表示这些副词短语的形成过程及其结构特征如下：

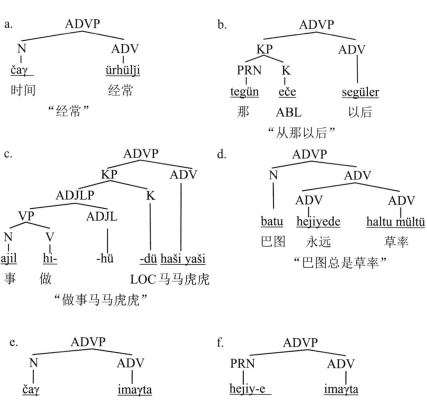

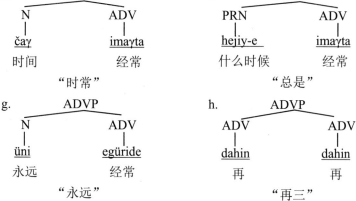

从以上的副词短语的句法结构特征描述的树形图可以看出副词语类可以与名词语类或名词短语、格短语、副词语类合并形成副词短语。

3.4　否定短语

否定短语是指由否定成分与其他语类或短语合并形成的短语，即在短语结构中否定成分置于核心词位置，支配其补足语或附加语。

3.4.1　否定成分的定义

在阿尔泰语言中动词的否定（语类标签为 NEG，来自英语"否定"的前三个字母）形式有好几种。在一般的陈述句中，满语在动名词后面加否定助动词 aku 来表示否定；蒙古语形动词后面用否定语气词 ügei 来表示否定。维吾尔语动词的否定形式略微不同，即在漫长的历史演变过程中，维吾尔语发展成了专门的否定语缀-ma-/-mä-（及其弱化形式-mi-）。只要把它缀接在一个动词短语或体短语的核心成分后面，就可构成否定短语①。蒙古语有表示否定意义的词有 büü "不"、bitegei "别、不要"、ügei "否、不"、edüi "未、还没有"、ülü "勿、不"、ese "非、否、未"、biši "不是"、busu "非、否、不"等。

3.4.2　否定成分的分类

在言语活动中表示否定的意义跟肯定的意义一样，起着同样重要的作用。蒙古语有表示否定意义的词，即 büü、bitegei、ügei、edüi、ülü、ese、biši、busu 等否定语气词。根据清格尔泰先生（1991:456）研究 büü、bitegei 用于祈使式动词前边表示禁止。ügei、edüi，ülü，ese 表示动词的否定形式，其中 ügei 用在形动词后，edüi 用在形动词-γa/-ge 后（使用范围狭小），ülü、ese 用于时间式及形动词的前边，而且主要用在书面语中。biši、busu 主要用在静词类后边。比起其他否定词，ügei 的用法比较特殊，对此学者们曾进行过专题讨论，比如斯琴（1991）认为 ügei 是一个特殊的语言成分，即第一，可以把它的词类分为实词类的动词、形容词，也可以是虚词类的语气词和连词，还可以是叹词。第二，作为构词附加成分，多数情况下构形容词，偶尔还能构名、动名词和副词、情态词等，作为构形附加成分，可充当"时格"。书包（2000）认为 ügei 是"否定语气词"、"用于形动词后

---

①力提甫·托乎提：《最简方案——阿尔泰语言的句法结构》，中央民族大学出版社 2017 年版，第186 页。

面表示否定"，因此"否定意义"是 ügei 的突出特点，并使用得非常广泛。格根哈斯（2002）在以现代蒙古语的 tai/tei 与 ügei 对比中也曾探讨过 ügei 的一些特点。乌吉木（2006）认为 ügei 能成为词、附加成分、句子并提出了自己的见解。朝伦巴根（2009）也用实例专门讨论过 ügei 的不同用法。

　　蒙古语 ügei 一词的研究成果对本课题的研究很有启发和参考价值。我们暂不讨论 ügei 一词语类属性和附加语功能，确定它为否定功能语类之一。即否定语气词属否定功能语类，可以把它分为两种类型，第一类为前面加否定语缀表示否定的 büü、bitegei、ülü、ese 等；第二类是后面加否定语缀表示否定的 ügei、biši、busu、edüi 等。蒙古语属于核心词在后的语言，因此本课题的关注点是出现在补足语后面成为中心词（支配词）从而形成自己的否定短语结构的否定语缀（NEG）功能。

3.4.3　否定短语的结构特征

　　否定短语这一说法在蒙古语以往的研究成果中从未提及过，有关研究维吾尔语生成语法的著述中这个概念首次出现，例如力提甫·托乎提教授在《论维吾尔语的否定成分-ma-～-mä-的句法特性》[①]一文中，专门讨论维吾尔语-ma-/-mä-否定成分的句法特性，还提出了-ma-/-mä-(-mi-)可以构成自己的否定短语结构的见解，并通过讨论-ma-/-mä-(-mi-)的否定范围、包括用音强或转移缩小否定范围、复杂结构中的否定和双重否定以及无标记否定结构、否定焦点的选定等一系列问题，揭示了维吾尔语-ma-/-mä-(-mi-)否定语缀的深层句法特性。

　　力提甫·托乎提教授对维吾尔语否定语缀的研究，该类否定短语的合并构成过程以及结构特征用树形图描述如下：

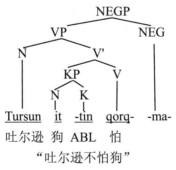

"吐尔逊不怕狗"

　　从以上的树形图中可以知道维吾尔语的 NEGP 是 VP 与-ma-/-mä-(-mi-)合并构成的。

---

① 力提甫·托乎提：《论维吾尔语的否定成分-ma～-mä-的句法特性》，《民族语文》2011 年第 6 期。

蒙古语里没有-ma-/-mä-(-mi-)一样的否定成分，因此蒙古语形成否定短语的过程与维吾尔语的否定短语相比较肯定有自己的特征，不可能完全遵照维吾尔语的模式来解释。蒙古语 VP 不能直接与否定成分合并，通常是动词先与静词化成分合并形成静词化短语之后才可与否定成分 NEG 合并形成否定短语 NEGP。否定成分与静词语类可以直接合并构成自己的否定短语。

我们探讨否定短语的形成过程以及句法结构特征时，首先通过肯定句和否定句的对比来看其在句子结构中的位置及其句法特征：

（1）a. sečen budaγa ide- -be. 斯琴吃饭了。

　　　斯琴　饭　吃 PST

（1）b. sečen budaγa ide--hü ügei. 斯琴不吃饭。

　　　斯琴　饭　吃 ADJL NEG

例（1）a 是肯定句，（1）b 是否定句。它们的形成过程以及句法结构特征用树形图表示如下：

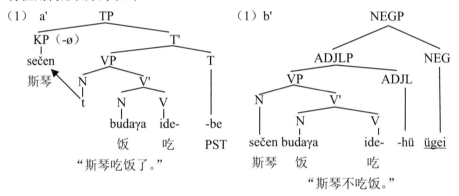

"斯琴吃饭了。"　　　　　　　"斯琴不吃饭。"

图（1）a'里动词 ide-"吃"先与名词原形 budaγa"饭"合并，形成带一个标杆的动，然后该 V'与名词"斯琴"合并，形成一个 VP sečen budaγa ide-"斯琴吃饭"。当该动词短语与以时态成分-be 为中心的 TP(时态短语，相当于传统语法的定式句标志) 合并时，sečen 为获得主格-ø 而被移到 TP 的主语位置，在原来的位置上留下了自己的语迹（为了完成合并而某一论元从原位移到另外一个位置时，在原位上留自己的痕迹 t，即 trace），从而构成了 sečen budaγa idebe"斯琴吃饭了"的合乎语法的一个肯定句。

图（1）b'是一个 NEGP 的树形图，VP sečen budaγa ide-不可直接与 NEG 合并形成否定短语，因此先与 ADJL-hu 合并，构成 ADJLP sečen budaγa ide-hü"斯琴吃饭"，该形容词化短语再与 NEG　ügei 合并，从而形成否定短语，即 sečen budaγa ide-hü ügei "斯琴不吃饭"的否定句 。

（一）与形容词化短语合并

蒙古语的形容词化语缀有-GsAn、-hU、-dAG、-GA、-mAr（-mA）、-Gči、

-hUičA、-GUšitAi 八类。ügei 一般不能与由-GUšitAi、-hUičA 形容词化成分构成的形容词化短语合并。-GsAn、-hU、-dAG、-GA、-mAr（-mA）形容词化成分构成的形容词化短语与 ügei 合并出现的频率比较高，一般情况下这些 ADJLP 都可与 biši 合并；除文言文或古文等特殊情况外，busu 基本不能与这些形容词化短语合并；-GA 形容词化短语只与 edüi 合并。

（2）tegün -ü　hele--hü　-yi　sonos- -γsan　ügei. 没听他说的话。
　　　　他 GEN 说　ADJL ACC　听　　ADJL NEG

（3）tegün-tei　učara- -γa　ügei. 没有和他见面。
　　　　他 COMT　见面　ADJL NEG

例（2）是动词短语先与-GsAn 形容词化成分合并形成形容词化短语，再与 ügei 合并形成的否定短语；例（3）是动词短语先与-hU 形容词化成分合并构成形容词化短语，再与 ügei 结合形成的否定短语，用树形图表示如下：

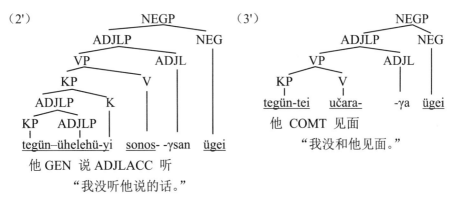

（2'）
NEGP
　ADJLP　　NEG
　VP　　ADJL
KP　　V
ADJLP　K
KP　ADJLP
tegün–ühelehü-yi　sonos- -γsan　ügei
他 GEN 说 ADJLACC 听
"我没听他说的话。"

（3'）
NEGP
　ADJLP　　NEG
　VP　　ADJL
KP　　V
tegün-tei　učara-　-γa　ügei
他 COMT 见面
"我没和他见面。"

以上两例都不会有歧义，因此 ADJL 与 NEG 合并的顺序都不会影响其否定意义。

（二）与副词化短语合并

蒙古语的副词化成分是-jU/-čU、-Gad、-n、-bAl、-bAčU、-tAlA、-hUlAr、-hUlA、-hU bAr（-rA）、-mAnjin（-mAn）、-mAGčA、-ŋGUdA、-ŋGAn。否定功能语类中只有 ügei 与-jU/-čU 副词化成分构成的副词化短语合并构成否定短语。即-jU/-čU 副词化成分先与动词短语合并，形成副词化短语。再与否定成分 ügei 合并，形成否定短语。例如：

（4）hüčü　γaryan　baildu- -ju　ügei. 没有使出力战斗。
　　　力气　　出 cv　战斗　ADVL NEG

（5）γadaγadu hele　sur- -ču　ügei. 不学外语。
　　　外面　语言　学习 ADVL　NEG

　　例（4）是由核心动词短语扩展出来的否定短语，第一步动词短语 hüčü γar-"出力"与使动态轻动词合并构成使动态轻动词短语 hüčü γarγa-"使出力"，该轻动词短语与提前式副词化成分合并形成副词化短语 hüčü γarγan "使出力"，该副词化短语再与动词 baildu "战斗"合并构成动词短语 hüčü γarγan baildu "使出力战斗"，然后再与并列式副词化成分合并形成副词化短语 hüčü γarγan bailduju "使出力战斗"，这时该短语才能与否定成分 ügei 合并构成否定短语 hüčü γarγan bailduju ügei "没有使出力战斗"。

　　例（5）是在核心动词短语 γadaγadu hele sur-"学习外语"基础上与并列式副词化成分-ču 结合形成的副词化短语 γadaγadu hele surču"学习外语"，该短语再与否定成分结合构成否定短语 γadaγadu hele surču ügei "不学习外语"。由于图（4'）里有一个轻动词短语，还有一个副词化短语的参与结构明显比图（5'）复杂一些。它们的形成过程用树形图表示如下：

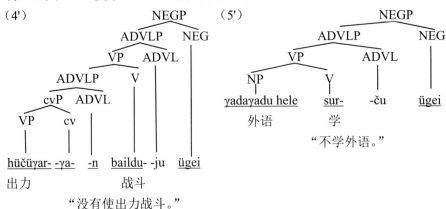

"没有使出力战斗。"

"不学外语。"

（三）与名词化短语合并

　　名词化短语指的是传统语法中学者们称为"动名词"或"名词性动词"的词类。蒙古语的名词化成分有-l、-ši、-ltA、-lGAn，它们一般与否定成分 ügei 合并形成固定形式。动词短语先与名词化成分结合，形成名词化短语，名词化短语进一步与否定成分合并，构成否定短语。在这一构成里表达的是将来发生的事件。例如：

　　（6）ta　　önö　　oroi　　yabu-lta　　ügei. 您今晚别走。
　　　　　您　今　　晚　　走 NOML NEG

　　（7）üni egüride　marta -gda -ši　　ügei. 永远不被忘记。
　　　　　永远　　　　忘记 pv　NOML NEG

　　例（6）是由核心动词短语 ta önö oroi yabu-"您今晚走"扩展出来的，首先该动词短语与名词化成分-lta 结合构成名词化短语，然后该名词化短语再与否定成分 ügei 合并形成否定短语 ta önö oroi yabulta ügei"您今晚别走"。

例（7）是由核心动词短语 üni egüride marta-"永远忘记"扩展出来的，首先该动词短语与被动态轻动词-gda-合并形成被动态轻动词短语 üni egüride martagda-"永远被忘记"，该轻动词短语与名词化成分-ši 结合构成名词化短语，然后该名词化短语再与否定成分 ügei 合并形成否定短语 üni egüride martagdaši ügei"永远不被忘记"。它们的形成过程用树形图表示如下：

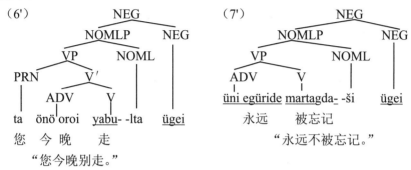

（四）与其他短语类合并

否定成分与形容词（短语）、名词（短语）、格短语等其他短语类合并，也能形成否定短语。在类似构成里一般表达当前的某种状态。例如：

（8）demei　sain　ügei. 不怎么好。
　　　不怎么　好　NEG

（9）man-u　　yaγum-a -bar ügei. 我们没有东西。
　　　我们 GEN　　东西　INS NEG

（10）iregedüi -yin　učir -i　　bodohu　hereg ügei. 没必要想未来的事。
　　　　未来　　GEN　事情 ACC　想　ADJL 事　NEG

例（8）是由形容词短语与否定成分 ügei 结合形成的最简单的、且出现频率较高的否定短语类型之一。该短语的否定成分换成 biši、busu 同样可以构成否定短语，它们的结构形成与例（8）一样。例（9）是由格短语与否定成分 ügei 合并构成的否定短语。例（10）是由核心动词短语扩展出来的、与名词短语合并形成的否定短语。它们的形成过程用树形图表示如下：

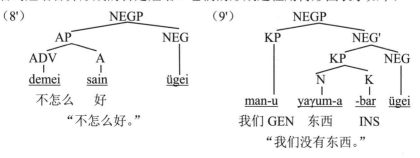

（10'）

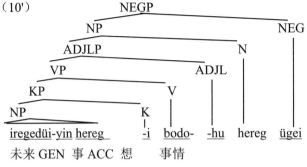

未来 GEN 事 ACC 想 事情

"没必要想未来的事"

否定功能语类 biši、busu 同样也能与词汇语类（短语）或功能语类短语结合形成自己的短语。如：

（11）tere hümün biši. 他不是人。/不是那个人。

　　　那　人　不是

（12）tere　egel jir-ün　hümün busu. 他不是普通人。

　　　他　普通 NEG　人　不是

（13）bi tedeger　suruγči -d -tai　yari-lča-ju jabdu-γadui.

　　　我　那些　学生　PL COMT 讲 covADJL 来得及 NEG

　　　我还没来得及和那些学生交谈。

例（11）虽然看似结构很简单的一个否定短语，但是该短语有歧义。口语中可用语气停顿表歧义，书面语中可没那么简单明了的表歧义了。通过图（11）a'和图（11）b'的对比，不仅能够揭示该否定短语的形成过程，也很巧妙的揭示歧义。蒙古语类似否定短语都可以用这种方法揭示其句法结构和深层歧义。我们在上述中引清格尔泰教授的 edüi 用在形动词-γa/-ge 后（使用范围狭小）说法。edüi 用于形动词-γa/-ge 时有两种情况，一是与其他形容词化短语合并，但分开写；二是 e 音脱落直接与-γa/-ge 连写变成-γadui/-gedüi，这时与动词原型后面直接连写表示否定意义，例（13）里的"jabduγadui"（没来得及）。蒙古语唯独在这种情况时否定成分用法与维吾尔语否定成分"-ma-～-mä-(-mi-)"先与动词合并构成的否定动词相似。它们的形成过程用树形图表示如下：

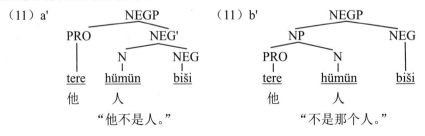

（11）a'　　　　　　　　　　　　（11）b'

"他不是人。"　　　　　　　　"不是那个人。"

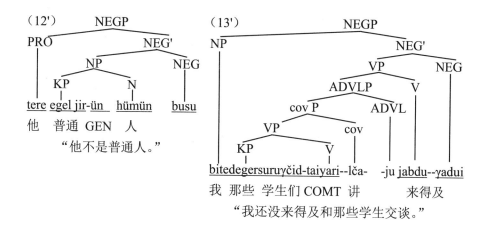

有时候 -γa/-ge 后面缀加否定成分 ügei 和 edüi 时会出现语音销蚀而变成一个词的现象。如 oγtu +oro+ügei= oγtarγui "天空"，irege+edüi=iregedüi "未来" 等结构中的否定成分失去其否定意义，因此这里我们不讨论类似结构。

上面所列举的都是由 ügei、biši、busu、edüi 形成的比较普遍且简单的否定短语，其实实际语言运用当中否定短语的内部结构并非这么简单。比如否定短语与其他词汇类短语或功能语类短语合并形成更复杂的短语。下面再举实例揭示复杂的否定短语结构。

（14）tegün-ü   dasγal -iyan   hi- -gsen ügei-yi   mede- -hü ügei.
　　他 GEN　作业 RPOS 做 ADJL NEG ACC 知道 ADJL NEG
　　不知道他没做作业。

例（14）是一个由核心动词短语 dasγal–iyan hi- "做作业"扩展出来的较复杂的否定短语。其中动词短语与形容词化成分合并形成形容词化短语 dasγal -iyan higsen "做作业"，该短语再与 ügei 结合形成第一个否定短语 dasγal -iyan higsen ügei "没做作业"，该否定短语与宾格合并构成格短语 tegün -ü dasγal -iyan higsen ügei-yi "把他的没有做作业"，然后再与动词合并形成了动词短语 tegün -ü dasγal -iyan higsen ügei-yi mede- "知道把他的没做作业"，该动词短语再与形容词化成分-hü 结合构成形容词化短语 tegün -ü dasγal -iyan higsen ügei-yi medehü "知道把他的没做作业"，该形容词化短语与否定成分合并构成了否定短语 tegün -ü dasγal -iyan higsen ügei-yi medehü ügei "不知道把他的没做作业"。图（14'）中为了突出否定短语的形成过程，没有把第一个动词短语的形成过程画出来。它的形成过程用树形图表示如下：

（14'）

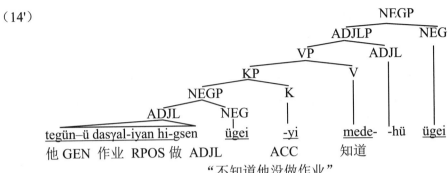

"不知道他没做作业"

有时表面上看起来相似的句法形式因语义的不同而需要用不同的树形图来表示。如在 batu surɣaɣuli -du ɣaɣčaɣar očiɣsan ügei "巴图没有单独去学校"这一表达里，否定成分 ügei 所否定的范围包括 batu surɣaɣuli-du ɣaɣčaɣar očiɣsan 在内的整个形容词化短语。因此这里的否定短语（NEGP）可用树形图表示如下：

（15'）

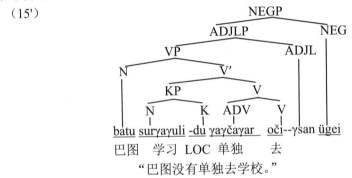

"巴图没有单独去学校。"

但在 "batu surɣaɣuli-du demei očiju ügei"（巴图没怎么去学校）这一表达里，否定成分 "ügei" 先与并列式副词化短语 "oči--ju" 合并，构成了否定动词 "očiju ügei"（不去）。然后它与自己的指示语 "batu"、补足语 "surɣaɣuli-du" 以及作为附加语的否定副词 demei 合并。因此这里的否定短语（NEGP）可用树形图表示如下：

（16'）

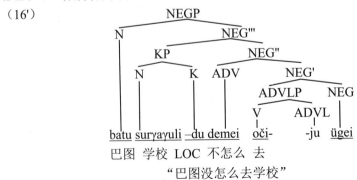

"巴图没怎么去学校"

就如以上所述，否定功能语类中，ügei 要合并的语类多、使用频率最高，其次是 biši。虽然这里对 biši、busu、edüi 所举的例子少，但是它们的形成过程与 ügei 否定短语形成的过程相同，因此没有太多地列举。有时会因格短语、副词化短语或其他短语的参与否定结构可能会复杂起来，这时我们也可以用上述的方法来描述更复杂的否定短语。

通过蒙古语否定成分的语料分析，发现很多之前没怎么注意过的有趣的现象。比如 buruyu ügei hümün baiday ügei "没有不犯错误的人"、či öde -dü iregsen ügei bolhor bi hoyola higsen ügei "因为你中午没回来，所以我没有做饭"、jodohu hereg ügei, jimelegsen ču ügei "别说打了，连教训都没有"、……ču ügei……ču ügei、……ügei bol ……ügei 等否定范围的界定、歧义否定短语的判断和双重否定以及更复杂的特殊否定短语等都是我们今后需要进一步探索的问题。

3.5　轻动词短语

轻动词短语是指由轻动词与其他语类或短语合并形成的短语，即在短语结构中轻动词置于核心词位置，支配其补足语或附加语。

3.5.1　轻动词的定义

动词是一个比较特殊而复杂的一种实词语类。从以上的章节中了解到了动词原型及其构成的短语结构。下面我们探讨动词的另一种功能来揭示动词及其短语结构。这里我们重点探讨轻动词、体助动词等动词功能语类。这里重点探讨的是轻动词短语，我们之前曾专文讨论过有关轻动词理论和蒙古语的轻动词，因此不再赘述。

假如我们确认蒙古语的语态附加成分是轻动词，那么我们还应该确认，蒙古语不但有像英语一样具有使动意义的轻动词，而且，还有被动态、互动态、同动态、众动态等实实在在的、看得见的同类语态附加成分的轻动词。轻动词（语类标签为 v，来自英语 light verb "轻动词"的倒数第四个字母，为了与普通动词 Verb 区分，必须小写）。每一类轻动词都有自己相应的语类标签，分别如下：使动态轻动词（语类标签为 cv，来自英语 causative verb 的缩写）、被动态轻动词（语类标签为 pv，来自英语 passive verb 的缩写）、互动态轻动词（语类标签为 rcv，来自英语 reciprocal verb 的缩写）、众动态轻动词（语类标签为 clv，来自英语 collective verb 的缩写）、同动态轻动词（语类标签为 cov，来自英语 cooperative verb 的缩写）等。

我们之前的研究已经确认蒙古语确实存在几种轻动词，而每一种轻动词变化会导致句中论元和名词格的增减。①本文在最简方案框架内解释由各类轻动词构成的轻动词短语及其句法结构特征。

3.5.2　轻动词的分类

根据句中所要求的论元名词，蒙古语动词可分为 12 种子语类。②当这些动词有不同的语态变化或重叠出现时，其结构会变得更加复杂，但这种变化与其所要求的论元之间存在着非常规律的对应关系。有关轻动词理论与蒙古语动词语态变化的详情，请参看高莲花的《轻动词理论与蒙古语动词语态变化》③。本节运用乔姆斯基的短语结构规则来描述已确认的蒙古语轻动词、由它们形成的轻动词短语及其句法结构特征。

3.5.3　轻动词短语结构特征

正如上面所述，蒙古语的使动轻动词、被动轻动词、互动轻动词、同动轻动词、众动轻动词等有显形的轻动词成分来显示。下面一一探析由这些轻动词形成的轻动词短语的句法结构特征。

3.5.3.1　使动轻动词短语

蒙古语动词 ire- "来" 是不及物动词。当该动词与施事论元 aha "哥哥" 合并时，就能形成 VP aha ire- "哥哥来"。它的形成过程及其结构特征用树形图表示如下：

（1）

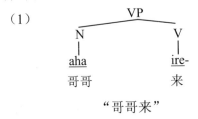

"哥哥来"

当该 VP 与以过去时成分-be 为中心的 T（即 tense "时态"）合并构成 TP（即 tense phrase "时态短语"）时，aha 为获得主格-ø 而被移到 TP 的主语位置，在原来的位置上留下自己的语迹 t（trace），从而形成以下的主动态句子 aha-ø irebe "哥哥来了"。它的形成过程及其结构特征用树形图表示如下：

---

① 高莲花：《轻动词理论与蒙古语动词语态》，《内蒙古民族大学学报》2007 年第 6 期。
② 高莲花：《生成句法框架内的蒙古语动词子语类特征》，《中央民族大学学报》2007 年第 2 期。
③ 高莲花：《轻动词理论与蒙古语动词语态变化》，《内蒙古民族大学学报》2007 年第 6 期。

（2）

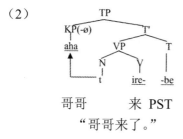

哥哥　　　来　PST

"哥哥来了。"

现在我们再看看 abu -ø aha -yi iregülbe "爸爸让哥哥来了" 这个句子。按轻动词理论与短语结构规则，在这种情况下 VP aha ire-第一步与以 cv -gül-为中心的使动态轻动词合并形成 cvp，而且该 cvp 有自己的致使论元 abu。但由于蒙古语的黏着性和语序特点，cv -gül-出现在动词 ire-之后，而它的致使论元出现在 VP 之前，并且在 cv'之前复制的是 NP 位置，而不是 VP 位置。它的形成过程及其结构特征用树形图表示如下：

（3）

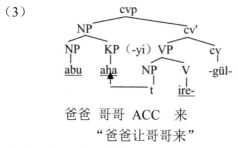

爸爸　哥哥　ACC　来

"爸爸让哥哥来"

当然，由于这种结构里受事论元所指事物的不确定性和抽象性，宾格-i/-yi 可能不出现，如 ta jarliɣ baɣulɣa- "您下命令"。因此，我们假设受事论元 jarliɣ 留在原来的位置。它的形成过程及其结构特征用树形图表示如下：

（4）

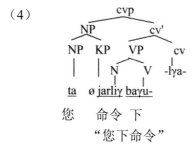

您　　命令　下

"您下命令"

再举一个例子，如 ide- "吃" 是个及物动词。当它构成一个充足短语时，要求一个施事论元和一个受事论元。我们假设动词 ide- "吃" 的施事者是 aha "哥哥"，受事者是 budaɣa "饭"，则充足短语 VP 应是 aha budaɣa ide- "哥哥吃饭"。它的形成过程及其结构特征用树形图表示如下：

（5）

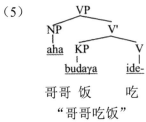

哥哥　饭　　吃

"哥哥吃饭"

　　假设例（5）里的 VP 要与以-gül 为中心的 cv（使动轻动词）合并构成 cvp，而该 cvp 的致使论元是 eji "妈妈"，这时原来的施事论元 aha 为了完成合并，从原来 Spec-VP 的位置移到 Spec-cvp 位置，出现在与 eji 相邻的位置并获得向位格-du。这样 cvp eji aha du budaɣa ide-gül-"妈妈叫哥哥吃饭"就形成了，它把内核 VP 包含在内。它的形成过程及其结构特征用树形图表示如下：

（6）

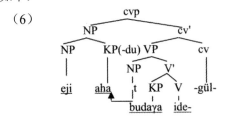

妈妈　哥哥 LOC 饭 吃

"妈妈使哥哥吃饭"

　　动词使动态附加成分-ɣul/-gül，-lɣa/-lge，-ɣa/-ge 等在构成使动句时很有规律，即短语结构中原来用零形式表达的主格名词一般以凭借格、向位格、宾格形式出现。它们在短语结构中的生成过程就是动词的使动化过程。

3.5.3.2 被动轻动词短语

　　čohi-"打"是及物动词。当它构成一个完整的动词短语时，要求一个施事论元和一个受事论元。我们假设动词 čohi-"打"的施事者是 egeči "姐姐"，它的受事者是 degüü "弟弟"，由它们构成的短语 VP 应该是 egeči degüü-yi čohi-"姐姐打弟弟"。它的形成过程及其结构特征用树形图表示如下：

（7）

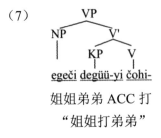

姐姐弟弟 ACC 打

"姐姐打弟弟"

　　假设例（7）里的 VP 要与以-γda-为中心的 pv 合并形成 pvp（被动轻动词短语）时，原来的受事论元 degüü 不得不从原位移出来。由于在被动句里处于受事位置上的名词原来当主语，因此它会移到 Spec-pvp 的主语位置上。而施事论元 egeči 在理论上也可以省略，也可以按下例所示移到 Spec-VP 的 KP 位置，得到向位格。这样 pvp degüü egeči-dü čohiγda-"弟弟被姐姐打"就形成了，它把内核 VP 包含在内。同样，当 pvp 与时态 T 合并后，degüü 被移到 TP 的主语位置而得到主格，形成一个合乎语法的句子。它的形成过程及其结构特征用树形图表示如下：

（8）

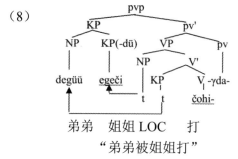

弟弟　　姐姐 LOC　　打

"弟弟被姐姐打"

3.5.3.3　互动轻动词短语

　　蒙古语互动态表示动作是由两个或两个以上的实施者互动完成的。实施者有两个或两个以上的参与者时，一般情况下以和同格来表达。它们的生成过程可以用树形图来描写。它的形成过程及其结构特征用树形图表示如下：

（9）

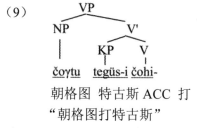

朝格图　特古斯 ACC　打

"朝格图打特古斯"

　　当 VP čoγtu tegüs-i čohi-"朝格图打特古斯"与以-ldu 为中心的 rcv（互动轻动词）合并，构成 rcvp（互动轻动词短语）čoγtu tegüs -tei čohildu-"朝格图和特古斯打架"时，其生成过程如下图：

（10）

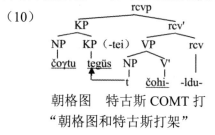

朝格图　特古斯 COMT 打

"朝格图和特古斯打架"

当施事者以复数形式出现,或实施者是两个或两个以上的参与者并用数词限制时,一般情况下都以主格形式存在。它们的生成过程用树形图描写如下:

（11）

```
          VP
        /    \
      KP      V
       |      |
bögödeger-iyen naira-
```

大家（反身领属）欢乐

"大家欢乐"

VP bögödeger-iyen naira-"大家欢乐"与以-ldu 为中心的 rcv 合并形成 rcvp bögödeger-iyen nairaldu-"大家联欢"以及与时态合并形成一个合乎语法的短语生成过程及其结构特征用树形图表示如下:

（12）

```
            rcvp
          /      \
       VP          rcv
      /   \         |
    NP     V      -ldu-
     |     |
bögödeger-iyen naira-
```

大家（反身领属）欢乐

"大家欢乐"

3.5.3.4　同动和众动轻动词短语

某种行为动作是由几个施事者同时完成的同动态,以及由众人完成的众动态的共同点是施事者必须是复数名词,而且这两种态附加成分的参与不改变原态动词的论元数目和位置。因此我们把这两种轻动词短语放在一起描写。它的形成过程及其结构特征用树形图表示如下:

（13）

```
          VP
        /    \
      NP      V
       |      |
    heühed  hashir-    孩子
```

叫喊

"孩子喊叫"

当这个 VP heühed hashir-"孩子叫喊"与以-lča 为中心的 cov（同动轻动词）合并形成 covp（同动轻动词短语） heühed-üüd-ø hashiralča-"孩子们叫喊"时,将形成下图:

（14）

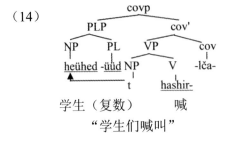

学生（复数）　　　喊

"学生们喊叫"

当 VP budaɣa ide-"吃饭"与以-jege 为中心的 clv 合并，形成 clvp hümüs budaɣa idejege-"人们吃饭"时，将形成如下图：

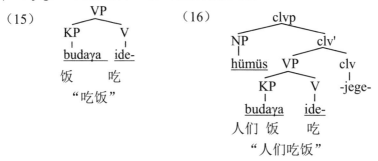

3.5.3.5 重叠轻动词短语

以上我们以原态为基础，描述了其他 5 种轻动词短语的形成过程。这些轻动词短语均以单个轻动词为基础而形成的，而在实际运用中我们经常遇到语态重叠现象。在解释这种现象时，我们得必须坚持理论框架的一致性，始终用轻动词理论与短语结构规则来解释所遇到的问题。下面我们以动词 tani-"认识"为例，用树形图解释轻动词重叠所形成的短语结构。如下图：

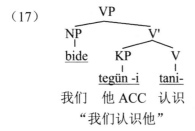

当 VP bide tegün -i tani-"我们认识他"与以-lča 为核心的 cov 合并形成 covp bide tegün -tei tanilča-"我们和他认识"时，将形成下图：

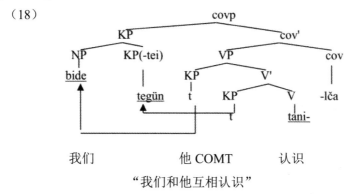

假设当 covp bide tegün -tei tanilča- "我们和他认识" 与以-γul 为中心的 rcv 合并，形成 rcvp baγši biden -dü tegün -i tanilčaγul- "老师把他介绍给我们" 时，将形成下图：

（19）

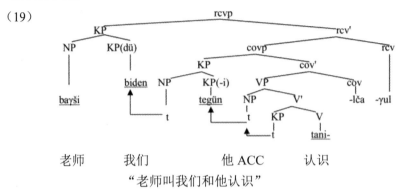

老师　　　　我们　　　　　他 ACC　　　认识
"老师叫我们和他认识"

我们用实例解释了由各类轻动词构成的轻动词短语的形成过程及其句法结构特征。这些现象均为极其有规律的。从以上的分析中我们还可以看到，蒙古语最活跃的轻动词是使动态轻动词和被动态轻动词。因此，由它们形成的使动轻动词短语和被动轻动词短语结构是最常见的。我们在统一指派题元假说的启发下利用树形图明确解释了轻动词变化所引起的轻动词短语结构的论元增减及移位现象。

3.5.4　格、语态和论元之间的三角关系

一般来讲，在特定的句子结构中，与特定的谓语动词结合的各论元名词所起的题元作用是稳定不变的，而且具有普遍意义。但同时我们也注意到，在蒙古语中，名词的题元作用与格和语态是紧密相连的。如蒙古语有自动态、被动态，使动态、互动态、同动态和众动态 6 种语态。当这些语态在自动态基础上相互转换或重叠时，句子中的论元及其格标志也要经历相应的调整，从而在语态、格与论元之间产生了三角关系。本节重点描述这种三角关系。

一、语态变化与格的关系

蒙古语中有 6 种语态。每一种语态变化会涉及相应论元的增减。如使动态成分-GUL、-lGA、-GA 等的出现标志着一个致使论元的增加，如：

（1）a. heühed uhilaba. "孩子哭了。"

　　　　（施事）

　　　b. batu　heühed-i uhilaγulba..

　　　　（致使）（施事）

　　　　"巴图让孩子哭了。"

这一语态变化告诉我们，在例（1）a 句里处在主语位置的名词 heühed 原有的以零为标志的主格随着自动态动词 uhila-"哭"在例（1）b 句里变为使动态 uhilaγul-"使哭、让哭"，已带上宾格标志-i，而以零为标志的主格被移到新增的致使论元 batu 身上。

被动态成分-GdA、-dA 的出现标志着受事论元已被提升到突出位置，而施事论元变得不重要了，它有可能被放在形式主语之后或被省略，如：

（2）a. batu　　heühed-i čohi-ba.

　　　（施事）（受事）

　　　"巴图打了孩子。"

　　　b. heühed　batu-du čohiγda-ba.

　　　"孩子被巴图打了。"

这一语态变化告诉我们，在例（2）a 句里处在宾语位置的名词 heühed 原有的宾格标志-i 随着自动态动词 čohi-"打"在例（2）b 句里变为被动态 čohiγda -"被打"而消失，并且被移到主语位置后得到了主格，而原来处在主语位置的主格名词 batu 变为可有可无成分，即也可以完全被省略，也可以有。

以-ldU-为标志的互动态有两个或两个以上的参与者时，一般情况下用和同格来表达。当施事者是以复数形式存在，当施事者表达复数的意义或施事者是有两个或两个以上的参与者并用数词限制时，施事论元名词的位置和论元的格形态均不发生变化。一般情况下都以主格形式存在。如：

（3）a.　bi　　tegün –i čohi-ba."我打他"

　　　（施事）（受事）

　　　"我打他了。"

　　　b.　bi　　tegüntei čohildu-"我跟他打架了。"

　　　（施事）　　　（与事）

这一语态变化告诉我们，在例（3）a 句里处在主语位置的施事论元代词 bi 以及处在宾语位置的受事论元 tegün –i 随着基本态动词 čohi-"打"在例（3）b 句里变为互动态动词 čohildu-"打架"而变为与事论元 tegüntei 这时它原来的变格则变为和同格。当然，例（4）也有其他的表达方式。这里只举其中的一个为例。

以-lčA-为标志的同动态有可能把有同一种论元作用的两个或两个以上的名词合并到主语位置上，如：

（4）a. bi　tegündü amur asaγu-ba,　tere　　nadadu　　amur　　asaγu-ba.

　　（施事）　　（目的）　　（施事）　　（目的）

　　　"我向他问好，他向我问好。"

   b. <u>bide</u>   （<u>harilčan</u>） amur asaɣu-lča-ba. "我们相互问好。"

      我们   互相

这一语态变化告诉我们，在例（4）a 句里处在主语位置的施事论元代词 bi 和 tere 以及处在状语位置的目的论元 <u>tegündü</u> 和 <u>nadadu</u> 随着基本态动词 amur asaɣu- "问候、致敬" 在例（4）b 句里变为同动态动词 asaɣu-lča- "相互问候" 而消失，而在主语位置上出现了复数代词 bid。当然，例（4）也有其他的表达方式。这里只举其中的一个为例。

另外，以-čAGA-/-jAGA 为标志的众动态不改变原态动词所需论元名词的数目及其位置。只需要施事论元以复数形式出现或含有复数意义。如：

（5）a. bi   tegün -i širte-be. "我注视他了。"

     （施事）（受事）

     b. <u>bide</u>   tegün -i širte-jege-be. "我们注视他了。"

       我们

这一语态变化告诉我们，在例（5）a 句里处在主语位置的施事论元代词 bi "我" 随着基本态动词 širte- "注视" 在例（5）b 句里变为众动态动词 širte-jege- "大家注视" 而变为有复数意义的 bide "我们"，即主语位置上出现了复数代词 bide。当然，例（5）也有其他的表达方式。这里只举其中的一个为例。

语态可以重叠，因而论元和格也随之经历相应的调整。以蒙古语动词 šita- "烧、着、着火" 为例，它的自动态是不及物的，要求一个主事论元 x。如果它加上一个使动态成分-ɣa-（即 šitaɣa-），它要求一个新的致使论元 y 的参与，意思可以是 "y 使 x 烧、着"。如果在 šitaɣa-后面再加一个使动态成分-lɣa-（即 šita-ɣa-lɣa-），它就成为双使动，有可能表示 "z 使得 y 去使 x 烧" 的意思。但对于这种解释也有一定的分歧，有人就不相信类似双使动形式确实有双使动意义。那么在这些形式基础上形成的其他语态，如 šitaɣalɣayda-（原态+使动+使动＋被动），šitaɣayda-（原态+使动+被动），šitaɣaɣdayul-（原态＋使动＋被动+使动）等形式要解释起来，涉及的论元更多，转换程序更为复杂，难以令人信服。因此在类似情况下语法学家们倾向于把语态成分作为构词成分看待，即把每一个语态变化的形式当作一个新的词汇成分来看待。这样处理是因为并不是所有的动词都有 6 种语态变化。这说明语态变化要受具体动词的语义限制。因此语态成分表现得并不像构形成分那样能与一个语类的所成员合并，而是像构词成分那样只能与其中的部分成员合并。

在蒙古语里一个动词不管有多少语态的重叠，主宾关系还是按动词最末尾的语态成分来体现。在它之前出现的其他语态成分的相应论元要么被遗忘，要么被放到不与最后语态成分的论元发生冲突的次要位置上。这就是说，每一个语态成分所涉及的每一个论元是否在句中出现不可能按句法规则预测到，而是像一个词汇特征一样不可预测。

这些都说明，从构词成分的角度解释蒙古语动词的语态变化，也是一种选择。但是我们同时看到，蒙古语多数动词的语态变化不给动词增加任何词汇意义，仅仅表示从一个语态变成另一个语态的语法意义。这又是语态成分的构形特征。因此我们不得不承认语态成分具有构词和构形双重特征。因此，我们把语态成分的构词特征留给词典编纂学家的同时，把它的构形特征放到本章里跟其他句法特征一起讨论也是必要的。比如由于语态变化在各论元名词的格标志上引起的变化是非常有规律的，完全可以在句法层面用公式化符号来描写。由于论元作用是固定的，我们在各论元名词的右上角用一种不改变的符号来标注它。如先用上标的 x、y、z 等拉丁字母表示不同的论元。下面让我们看看几个基本的语态变化。我们还是以基本态句为出发点。请注意格的变化，也要注意论元代码。

1. 使动态的构成

第一，使动态的构成（从不及物动词句）：

规则一：

基础：KP^x(-ø)—V

输入：$[NP^y]$—KP^x(-ø)—V$[$-GUl-$]$ →

输出：KP^y(-ø)—KP^x(-i)—V-GUl-

这一公式里讲的规则是：在基础部分里本来有一个带主格(-ø)的 KP^x，我们把它上标为 x 论元，而在谓语（或核心语）位置上有一个基本态不及物动词。但由于句法需要该基本态不及物动词在输入部分里要与使动态成分合并，我们在方括号里用-GUl-代表了该使动态成分；同时在带主格(-ø)的 x 论元（即 KP^x）之前需要增加一个致使论元，我们给它上标为 y 论元（即 NP^y），把它暂时放在方括号里。当方括号里的这些新增成分与原有成分合并完之后，在输出部分里 NP^y 论元得到主格（-ø）而表现为 KP^y，而原来与主格（-ø）合并的 KP^x 现在却带有宾格-i 的标志。基本态不及物动词后面现在就出现了使动态成分。这是非常有规律的形式变化。下面让我们用具体句子来显示规则一所示的过程：

（1）a. heühed^x-ø unta-ba. "孩子睡觉了。"

　　　　孩子　　睡觉

　　b. eji^y-ø heühed^x-i unta-ɣul-ba. "母亲使孩子睡觉了。"

　　　母亲

（2）a. deng^x-ø untaraba. "灯灭了。"
　　　　 灯　　　灭

　　b. batu^y-ø deng^x-i untar-ɣa-ba.
　　　 "巴图把灯熄灭了。"

（3）a. čaɣasu^x-ø šita-ba. "纸烧了。"
　　　　 纸　　　烧

　　b. batu^y-ø čaɣasu^x-yi šita-ɣa -ba.
　　　　巴图
　　　 "巴图烧纸了。"

第二，使动态的构成（从及物动词句）：

规则二：

基础：KP^x(-ø)－KP^y(-i)－V

输入：[NP^z]－KP^x(-ø)－KP^y(-i)－V[-GUl-]

输出：KP^z(-ø)－KP^x(-bAr/-iyAr)－KP^y(-i)－V-GUl-/-lGA-/-GA-^①

这里的规则二讲的是：在基础部分里本来有一个带主格（-ø）的 KP^x（即 x 论元）和一个带宾格（-i）的 KP^y（即 y 论元），而在谓语（或核心语）位置上有一个基本态及物动词。但由于句法需要该基本态及物动词在输入部分里要与使动态成分合并，我们在方括号里用-GUl-代表了使动态成分；同时在带主格(-ø)的 x 论元（即 KP^x）之前需要增加一个致使论元，我们给它上标为 z 论元（即 NP^z），把它暂时放在方括号里。当方括号里的这些新增成分与原有成分合并完之后，在输出部分里 NP^z 论元得到主格（-ø）而表现为 KP^z，而原来与主格（-ø）合的 KP^x 现在却带有向位格-bAr/-iyAr 的标志。基本态及物动词后面现在就出现了使动态成分。下面让我们用具体句子来显示规则二所示的过程：

（1）a. batu^x-ø ene kino^y-yi üjebe.
　　　　　　　 这电影
　　　 "巴图看了这部电影。"

　　b. mönhe^z-ø batu^x -bar enekino^y -yi üjegülbe.
　　　 "孟和使/叫巴图看了这部电影。"

应该指出，原不及物动词从自动态变为使动态标志着它已变为及物动词。当这类及物动词之后再加一个使动态成分时，句子结构同样按规则二起变化。

_____

① 凭借格短语与宾格短语的词序可根据上下文会有所变动。这里和下面都用了一般非特殊情况下的排列。

2. 被动态的构成

规则三：

基础：KP^x(-ø)－KP^y(-i/-yi)－V

输入：[（KP^y）] KP^x（-dU/-tU）－V[-GdA-]

输出：KP^y(-ø)－KP^x（-dU/-tU）－V-GdA-/-dA-

这里的规则三讲的是：在基础部分里本来有一个带主格（-ø）的 KP^x（即 x 论元）和一个带宾格（-i/-yi）的 KP^y（即 y 论元），而在谓语（或核心语）位置上有一个基本态及物动词。但由于句法需要该基本态及物动词在输入部分里要与被动态成分合并，我们在方括号里用-GdA-代表了该被动态成分；同时在原来的 x 论元（即 KP^x）后面不再出现主格（-ø），反而出现了（-dU/-tU）"向位格"，并且与原来的位置颠倒过来。由于这时 KP^x 和与之合并的（-dU/-tU）都已成为可有可无成分，我们把它们放在括号里；而且由于原来的及物动词变成了被动态，带宾格 i/-yi 的 y 论元（即 KP^y）也失去了宾格标志。当方括号里的这些新增成分与原有成分合并完之后，在输出部分里 KP^y 得到主格（-ø），而由（-dU/-tU）"向位格"合并而成的 x 论元（即向位格短语(KP^x))仍在括号里，说明它的出现与否是任意的。基本态及物动词后面现在就出现了被动态成分。下面让我们用具体句子来显示规则三所示的过程：

（1）a. A aŋɣi^x-ø B aŋɣi^y-yi ila-ba.

　　　（球）队　　　　取胜 PST

　　　"甲队打败了乙队。"

　　 b. B aŋɣi^y-ø (A aŋɣi^x -du) ila-ɣda-ba.

　　　"乙队（被甲队）打败了。"

3. 互动态的构成

互动态最突出的特征是，参与动作的主体或者动作涉及的内容必须是两个或两个以上。然而，互动态的变化是无法用公式表达的，因为像 tede buliyalduba "他们争抢了"这样互动态表达里，争抢的双方 A 和 B 以外是否还有第三方 C，我们不敢肯定。如果语态只涉及 A、B 两方，那么句子原来的基础（即基本态结构)可以是 A bolon B buliyalduba 或 A B tai buliyalduba "A 和 B 争抢了"或"A B 争抢了"。如果互动态表达的动作表示多人同时进行某一动作或多人之间的竞赛，情况就会更复杂。因此目前我们只能说，互动态动词的主语必须是复数名词或表示双方或多方的名词，即不单有施事者而且还要有与事者。但其形成过程中涉及的论元是无法归纳的。这说明互动态动词更有其独特性，更有资格作为独立词项对待。

4. 同动态的构成

规则四：

基础：$KP^x(-ø)-V$

输入：$KP^x(-ø)-KP^y(-tAi)-V[-lčA-]$；$PLP^x-V[-lčA-]$

输出：$KP^x(-ø)-KP^y(-tAi)-V-lčA-$；$PLP^x-V-lčA-$

规则四讲的是，当在基础部分里带主格(-ø)的主语与基本态动词时，基本态动词可以在输入部分里与同动态成分- lčA -合并，同时要么需要增加一个带和同格(-tai)的与事论元，要么主格(-ø)的主语需要增加 PL 成分。这样，在输出部分只留下带和同格的格短语和同动态动词或留下带复数成分的复数短语和同动态动词。这就是同动态结构的构成。如：

（1）a. baγši^x(-ø)　　yari-ba.

　　　　老师　　　　说 PST

　　　　"老师说了。"

　　　b. baγši^x(-ø) nada（-tai）yari-<u>lča</u>-ba. "老师和我谈话了。"

　　　　老师　　我　　　　　讲 cov PST

（2）a 也可以构成 baγši^x(-nar) yari-<u>lča</u>-ba. "老师们讲话了。"

　　　　　　　　　　　老师　PL　讲 cov PST

5. 众动态的构成

规则五：

基础：$KP^x(-ø)-V$

输入：KP^x(-ø、含有复数意义)$-V[-čAGA-]$；$PLP^x-V[-čAGA-]$

输出：KP^x(-ø、含有复数意义)$-V-čAGA-/jAGA-$; $PLP^x-V-čAGA-/-jAGA-$

规则五讲的是，当在基础部分里带主格并含复数意义的主语或带主格（-ø）的主语与基本态动词时，基本态动词可以在输入部分里与众动态成分-čAGA-合并，同时带主格并含复数意义的主语不需要改变论元和格的数目；主格（-ø）的主语需要增加 PL 成分。这样，在输出部分只留下带主格并含复数意义的格短语和众动态动词或留下带复数成分的复数短语和众动态动词。这就是众动态结构的构成。如：

（1）a. baγši^x(-ø)　　yari-ba.

　　　　老师　　　　讲 PST

　　　　"老师讲了。"

　　　b. baγši^x(-nar) yari-<u>jaγa</u>-ba. "老师们都讲了。"

　　　　老师 PL　讲　　clv PST

（2）a. baγši^x(-nar) yari- ba. "老师们讲了。"

　　　　老师 PL　讲　PST

b. baɣšiˣ(-nar) yari-jaɣa-ba. "老师们都讲了。"

    老师　　PL　　讲 clv PST

至此我们已讨论了蒙古语原态动词发生其他语态变化时所引起的格的变化及论元的增减。那么语态重叠后会有什么样的变化呢？我们并不准备举例说明这个问题。但可以肯定，由于语态重叠后句子的格及主语和谓语之间关系都按最后一个语态成分的要求得到调整，如果不考虑论元的增减，任何语态变化都不会给句子增加新的或原来不存在的格或结构，它们的变化还是在原有的基本态动词中呈现的结构框架内进行。具体地讲，我们从规则一中看到，一个基本态不及物动词的结构特征是 KP（-ø）—V。如：

（1）mašin　hödel--be. "车开动了。"

     机器　　动　　PST

当不及物动词变为使动态后，它就有了结构特征 KP（-ø）—KP（-i）—V，而该特征是一般及物动词的特征。如：

（2）bide mašin-i hödelgebe. "我们使车开动了。"

     我们　机器 ACC 动 cv PST

当这个使动态动词后面再出现被动态成分时，它的结构特征又调整为KP（-ø）—V 或 KP（-ø）KP（-dü）—V，而在第一类情况出现的特征正是上面的例（1）的特征。如：

（3）mašin　hödelgegdebe. "车被开动了。"

     机器　　动 cv pv PST

但从语义特征看，mašin　hödelbe "车开动了" 和 mašin　hödelgegdebe "车被开动了" 之间大有区别：前者表示车开动的简单过程，而后者表示车受到一种外部力量的作用后被动开动的复杂过程。语态重叠的其他例子也可以做类似的分析。

二、格与论元的关系

蒙古语是有格标志的语言。从某种意义上讲，不同的格代表了不同的论元。但由于格属于句法范畴，而论元属于逻辑范畴，两者之间不一定有一对一的对应关系。比如从数量看，现代蒙古书面语静词有 7 种变格。而我们在前面介绍的题元作用有 21 个。另外，并不是所有的格与动词有关，即表示动词的某一个论元。如蒙古语里跟动词发生关系的或者表示名词与动词关系的格有主格（∅）、宾格（-i/-yi）、向位格（-dU/-tU）、从比格（-AčA）、和同格（-tAi）和凭借格（-bAr/-ijAr）。但领属格（-yin/-in/-Un/-U）一般只与名词发生关系，有时也可与形容词化发生关系。从比格（-AčA）、向位格（-dU/-tU）和凭借格（-bAr/-ijAr）等也可以与名词、形容词等发生关系。因此，由于论元指动词所要求的格短语，我们讲格与论元的关系时，把讨论的范围只限制在与动词发生关系的格。需要说明的另一个问题是，并不是所有的格都有同等作用。它们之间有等级的差别。等级高的格的出现频率高，等级低的出现频率也低。因而它们与动词的关系的相对密切度也有所不同。蒙古语的格的等级可描写为如下：

（1）主格＞宾格＞向位格＞从比格＞凭借格

这个等级说明，主格的等级最高，宾格的等级低于主格，凭借格的等级最低。以此类推，这个等级又说明了动词论元也有强弱的不同。因为在论元和格之间虽然没有一对一的关系，但有相对吻合的关系。根据论元的强弱关系，我们也可以把它们描写为下列的强弱等级：

（2）施事/主事 / 致使＞受事＞趋向＞地点 / 处所＞起源＞工具

论元的强弱等级同时又反映了必有论元与可有可无论元之间的某种关系。比如，领格也与形容词化发生关系，但它们并没有在格的等级中得到体现，它们所表达的相应论元也没有在论元等级中得到体现。因此在我们的讨论中有的论元不一定要从格的角度得到描述。搞清了以上的两点，我们在下面就可以谈及每个格与论元之间的关系了。

1. 主格短语的论元作用

以-ø 为标志的主格短语可以充当一下论元：

（1）作施事论元：

a. **hümüs -ø** nijiginetele alaγa tašiba. "人们热烈鼓掌了。"

　　人们　　　热烈　　　掌 鼓 PST

b. **gereltü -ø** γaltu tergen-dü γarba. "格日乐图上火车了。"

　　格日乐图　　火车 LOC　上 PST

c. **heühed -ø** iniyene. "孩子在笑。"

　　　孩子　笑 NPST

（注：为突出所讨论的格，例句中把讨论中的格与前面的名词类分写，其他格都要连写）。

（2）作致使论元：

a. **ehener -ø**　γal nočoγaba. "妻子烧火了。"

　　妻子　　　火 烧　PAST

b. **gereltü-ø**　hümün-ü heühed-i uhilaγulba. "格日乐图让人家孩子给弄哭了。"

　　格日乐图　人 GEN 孩子 ACC 哭 cv PST

c. **suruγči-ø**　baγši-ban bayarlaγulba. "学生使他老师高兴了。"

　　学生　　　老师 RPOS 高兴 cv PST

（3）作经历者/感事论元：

a. **tere -ø** oičila. "他摔倒了。"
　　他　　摔倒 PST

b. **muur -ø** ühübe. "猫死了。"
　　猫　　死 PST

c. **bi -ø** nohai-ača ayuna. "我怕狗。"
　　我　　狗　　ABL　怕 NPST

（4）做受事论元（一般出现在被动句里）：

a. **daisun -ø** usadhaγdaba. "敌人被歼灭了。"
　　敌人　　消灭 pv PST

b. **batu -ø** šigümjilegdebe. "巴图受到了批评。"
　　巴图　　批评　pv PST

（5）作工具论元：

a. **tülhigür -ø** onisu-yi negegejü deilügsenügei. "钥匙没有能打开锁。"
　　钥匙　　　锁 ACC　打开 ADVL 赢 ADJL NEG

（6）作地点/处所论元：

a. **hašiya-ø** dügüreng mal. "满圈的牲畜。"
　　院子　　满　　　牲畜

b. **jam jaγura** olan yaγuma bodoba. "途中想了很多事。"
　　途中　　　多 东西　想 PST

（7）同时作施事论元和经历者论元：[①]

a. **tere-ø** oičila. "他摔倒了。"
　　他　摔倒 PST

b. **batu-ø** ebedčilebe. "巴图生病了。"
　　巴图　　生病 PST

（8）作主事论元：

a. **usu -ø** bučalba. "水烧开了。"
　　水　烧开 PST

b. **temür -ø** jiberebe. "铁生锈了。"
　　铁　　生锈 PST

---

① 从乔氏严格的θ作用来讲，一个名词在句中只能作一个论元（参见 Chomsky 1981a）。但杰肯道夫承认，有的名词在特殊的语境中可起一个以上的论元作用（参见徐烈炯，1988：271）。笔者接受了后者的看法。

2. 以-i/-yi 为标志的宾格短语论元作用

（1）作受事论元（一般所说的宾语）：

a. čaγdaγa **hulaγaiči-yi** bariba. "警察抓住了小偷。"
　　警察　小偷 ACC 抓 PST

b. aha minu **mori -yi** unuba. "哥哥骑了我的马。"
　　哥哥我 GEN 马 ACC 骑 PST

c. ta tere čai -yi uuγuγarai. "请您喝那茶吧。"
　　您　那茶 ACC　喝 2PERS

（2）作施事论元（一般出现在致使句里）：

a. bide teden-i bölhömdügülbe. "我们使他们团结起来了。"
　　我们　他们 ACC　团结　cv PST

b. suruγči baγši-yi bayarlaγulba. "学生使老师高兴了。"
　　学生　　老师 ACC　高兴　cv PST

（3）作受事论元：

a. čaγdaγa hulaγaiči-yi bariba. "警察抓住了小偷。"
　　警察　小偷　ACC　抓 PST

b. batu usu –yi saγulγan-du dügürgebe. "巴图用水灌满了水桶。"
　　巴图　水 ACC　桶　ABL　满 cv PST

（4）作处所或对象论元：

a. batu saγulγa-yi usu –bar dügürgebe. "巴图把水桶灌满了水。"
　　巴图　桶 ACC　水　INT　满 cvPST

b. bi ene ügen-ü udha učir-i sain oilγana. "我非常了解这句话的重要意义。"
　　我　这　话 GEN 意义　ACC 好　理解 NPST

3. 以-dU/-tU 为标志的向位格短语的论元作用

（1）作趋向/目的论元：

a. tere ger-tü orola. "她进屋了。"
　　她　家 LOC　入 PST

b. batu usun-du yabujai. "巴图打水去了。"
　　巴图　水 LOC　走 PST

c. baγši höhehota–du očiba. "老师去了呼和浩特。"
　　老师　呼和浩特　LOC　去 PST

（2）作原因论元：

a. tere ene yabudal –du maši hanumjitai. "他对这件事非常满意。"
　　他　这　事情 LOC　非常　满意

b. tere ene učir –tu aɣurlaba. "他对这件事生气了。"

　他　这事情　LOC　生气 PST

（3）作受益论元：

a. baɣši biden-dü üliger yariju ögbe. "老师给我们讲了一个故事。"

　老师　我们 LOC 故事　讲　给 PST

b. bi tegün -dü joɣos ögbe. "我给他钱了。"

　我　他 LOC　钱　给 PST

（4）作施事论元（在被动句里出现）：

a. honi čino-a -du bariɣdaba. "羊被狼吃了。"

　　羊　狼　LOC　抓 pv PST

b. tere nisgel čima-du üjegdebeüü? "那个飞机你能看见吗？"

　那个　飞机　你 LOC　看 pv PST M

（5）作地点/处所论元：

a. tegün ü ɣar egüden-dü habčiɣdaba. "他的手被门夹住了。"

　 他　GEN 手　门　LOC　　夹 pv PST

b. batu usu-yi saɣulɣan-du dögörgebe. "巴图用水灌满了水桶。"

　巴图　水 ACC　桶　LOC　　满 cv PST

c. aha ni dulma-yi čečerlig-tü jugačaɣulba.

　哥哥 3rdperson　多乐玛 ACC　公园 LOC 游玩　cv PST

"多乐玛的哥哥让她在公园游玩了。"

4. 以-iyAr/-bAr 为标志的凭借格短语的论元作用

（1）作地点/处所论元：

a. bide jegeli-ber toɣoriba. "我们逛街了。"

　我们　街　INS　逛 PST

b. tede nomohan dalai –bar ayalaba. "他们航行太平洋。"

　他们　太平洋　　INS 航行

（2）作工具论元：

a. mašin -iyar tariba. "用机器种地了。"

　机器 INS　种 PST

b. tere hituɣa-bar herčibe. "他用刀切了。"

　他　刀　　INS 切 PST

（3）作施事论元（在使动句里出现）：

a. horšiya maimai ača dalantai-bar abčiraɣuluɣsan.

　小卖部　买卖 ABL　达林泰 INS　拿来　cv ADJL

　"让达林泰从小卖部拿来的。"

b. sečen ürhülji lin baγši-bar hičiyel jiγalγadaγ.

　斯琴　经常　林　老师 INS 课 教 cv ADJL

　"斯琴常让林老师辅导功课。"

（4）作材料或方式论元：

a. bös -i hübüng -iyer hi-deg. "布是用棉花做的。"

　布 ACC 棉花　INS 做 ADJL

b. dorji saγu-γa -bar -iyan örgele-ne. "道尔吉坐着打瞌睡。"

　道尔吉　坐 ADJL INS RPOS 打盹　NPST

c. minu helegsen –iyer hi-be. "按我说的做了。"

　我 GEN　说 ADJL INS　做 PST

5. 以-eče 为标志的从比格短语的论元作用

（1）作源点论元：

a. höhe müren höhenaγur töbedün öndörlig –ača　ehi abčai.

　长江　青海　　西藏　　高原　ABL　　渊源 拿 PST

　"长江发源于青藏高原。"

b. batu ulaγanbaγatur-ača irejei. "巴图从乌兰巴托来了。"

　巴图 乌兰巴托 ABL 来 PST

（2）作致使或原因论元：

a. daruγa –ača jaγliγ baγulγaba. "领导下命令了。"

　领导　ABL　命令 下 cv PST

b. tere ene učir-ača aγurlaba. "他由于这件事生气了。"

　他 这　事 ABL 生气 PST

（3）作施事论元：

a. baγši -ača suruγči-du šangnal ögbe. "老师给学生奖状了。"

　老师 ABL 学校 LOC 奖励 给 PST

b. ügülegči -eče sonosuγči-yi joriγjiγulba. "说话者鼓励了听话者。"

　说话者 ABL　听话者 ACC 鼓励 PST

6. 以-tAi 为标志的和同格短语的论元作用

（1）作与事论元：

a. bi batu -tai　hereldübe. "我和巴图吵架了。"

　我 巴图 COMT 吵架 PST

b. bi egeči –tei　jegeli toγoriba. "我和姐姐逛街了。"

　我 姐姐 COMT 街 逛 PST

以上我们围绕语态与格、格与论元之间的三角关系进行了探讨。应该承认，我们这里的讨论并不是穷尽的。首先，我们只谈到了与语态变化和必有论元有关的格，领属格没涉及。这是因为可有可无论元以及与之有关的格都是无法预测的，因而不可能用公式描写出来。其次，就是我们在这里谈到的论元、格和语态之间的关系也不可能包括所有的现象。不过可以相信，我们已解释到它们最主要的规律性问题。这为我们今后做更进一步的研究打下了基础。①

3.6　体　短　语

体短语是指由体功能语类与其他语类或短语合并形成的短语，即在短语结构中体功能语类置于核心词位置，支配其补足语或附加语。

3.6.1　体的定义

体（语类标志为 ASP，来自英语 aspect "体"的前三个字母）是伴随动词出现的一种范畴，表示所叙述的动作的类型、持续状态以及动作是否完成。印欧语言中常见的体有完成体、未完成体、进行体等，一般都靠特定的词缀或助动词来表达。相比之下，阿尔泰语言动词的体非常发达。从意义上，阿尔泰语言不但有完成体、未完成体、进行体等常见的体，而且也有欲动体、强化体、一贯体、无阻体、除去体、处置体、终结体、尝试体等。②

阿尔泰语言的动词类不但有内容丰富的体，而且还有四种表达手段：（一）一般静词化成分带有体意义。（二）用专门的附加成分表达体意义。（三）用助动词表达体意义。（四）用动词的静词化或定式化形式的重复表达体意义。③

3.6.2　体的分类

下面就按清格尔泰先生对蒙古语动词体的描述来简要介绍一下蒙古语动词体的概况。从动词体的角度来观察蒙古语的动词，就会发现，蒙古语里具有相当多的体的形态。从它们的外部形态，可以分为如下几类：①没有专门形式的零形式　②带体的后缀的形式　③分析形式　④叠词形式。④

---

① 高莲花：《生成句法框架内的蒙古语动词及其句法结构研究》，中央民族大学出版社 2014 年版。

② 力提甫·托乎提：《最简方案——阿尔泰语言的句法结构》，中央民族大学出版社 2017 年版，第 113 页。

③ 力提甫·托乎提：《最简方案——阿尔泰语言的句法结构》，中央民族大学出版社 2017 年版，第 184 页。

④ 清格尔泰：《蒙古语语法》，内蒙古人民出版社 1991 年版，第 322 页。

1. 没有专门形式的零形式 单独看似没有体的意义, 可是同其他体相比较,在体的方面就显示出差别, 因此可以把它叫作普通体。如, ire-"来"、ide-"吃"、yabu-"走"、hi-"做"、unta-"睡觉"、daɣula "唱"等。

2. 前面已经说过动词一次词干、动词二次词干和动词态性词干上附加体的后缀就能构成体性词干。这种体的后缀如下:

①暂短体——后缀是-shi, 如, udashi-"等一会儿"、baishi-"待一会儿"等。

②完成体——后缀是-čiha/-čihe/-či, 如, abčiha "拿（完成体）"、irečihe "来（完成体）"等。

③请求完成体——后缀是-ɣataɣa/-getege, 如, iregetege "来（请求完成体）"、očiɣataɣa "去（请求完成体）"等。

3. 分析形式是指副动词的第一类（并列副动词、分离副动词、联合副动词）和第三类（延续副动词）形式之后连用助动词 bai 就能形成分析形式的体。他们所表示的体的意义是:

①正在进行体: 形式是-jubai/-jübai, 如, yabuju baina"正在走着"、untaju baina "正在睡觉着"等。

②重复进行体: 形式是-ɣad bai/-ged bai, 如, heleged bai"重复说"、ireged bai "重复来"等。

③已经进行体: 形式是-ɣad bai/-ged bai, 如, očiɣad baina "已经去了"、ireged baina "已经来了"等。

④延续进行体: 形式是-ɣsaɣarbai /-gsegerbai, 如, hüliyegseger baina "仍在等待着"、hüliyegseger baiba "曾在等待着"等。

4. 选词形式是指蒙古语里有重叠相同的词来表示体的意义的方法。重叠动词时, 主要相互选用副动词的单纯连接（并列、分离、联合）和混合连接（延续）形式, 不同形式的重叠, 意义稍有差别。这些选词形式主要有如下四种:

①持续体: 形式是-ɣsaɣar+-ɣsaɣar /-gseger+-gseger, 如, bodoɣsaɣar bodoɣsaɣar "想来想去"、sauɣsaɣar sauɣsaɣar "坐着坐着"等。

②继续体: 形式是 ju -ɣad/jü -ged, 如, saɣuju saɣuɣad"坐了一阵"、haduju haduɣad "割一阵"等。

③多次进行体: 形式是-ɣad+-ɣad/-ged+-ged, 如, jalaɣad jalaɣad "再三聘请"、eriged eriged "找了又找"等。

④一再进行体: 形式是-n+-n, 如, bodonbodon "一再地想"、haranharan "一再地看"等。

3.6.3　体短语的结构特征

下面我们简要探讨一下由以上所述各类体语缀形成的体助动词短语的形成及其句法结构特征。如，šibaɣu nis-"鸟飞"，ene nom -i unši-"读这本书"，batu -tai yari-"和巴图讲"，uda-shi "等一会儿"，bügüde-yi ab-čiha-"全部都拿"，ende ire-getege-"来这里"，yabu-ju bai-"走着"，tere hümün hejiyenei ireged bai-na "那个人早就来了"，bi roman biči-ju bai-na. "我正在写小说"，hüliyegseger bai-na "仍在等待着"，bodoɣsaɣar bodoɣsaɣar "想来想去"，jalaɣad jalaɣad "再三聘请"，bodon bodon "一再想"等，用树形图表示体短语的形成及其结构特征如下：

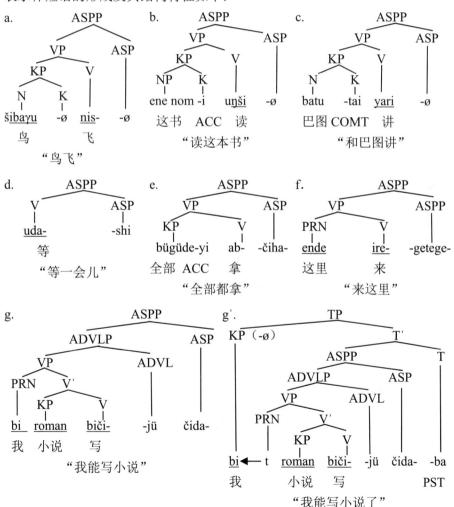

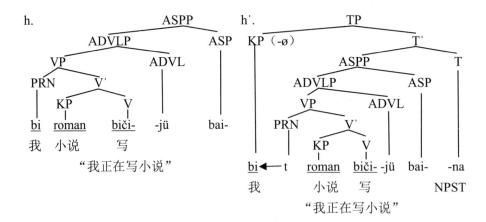

h.
"我正在写小说"

h'.
"我正在写小说"

  例 g 揭示了由要求-jU 副词化短语作补足语的体助动词构成的动词短语的结构；例 g'则揭示了该结构与过去时语缀合并后构成的时态短语（即句子）；例 h 揭示了由要求-jU 副词化短语作补足语的体助动词构成的动词短语的结构；例 h'则揭示了该结构与非过去时语缀合并后构成的时态短语（即句子）。

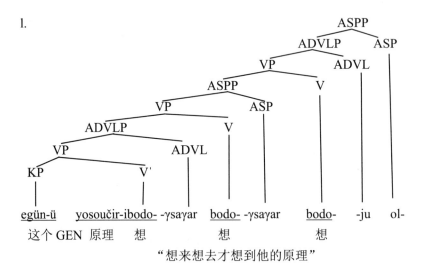

l.
"想来想去才想到他的原理"

1'.

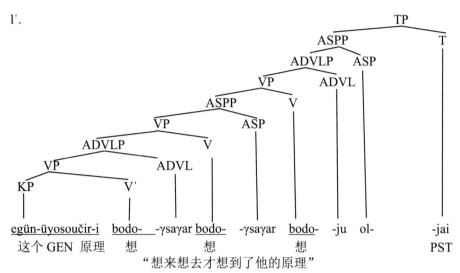

"想来想去才想到了他的原理"

　　例 1 揭示了由几个体助动词重叠构成的动词短语的结构；例 1′则揭示了该结构与过去时语缀合并后构成的时态短语（即句子）。

j.

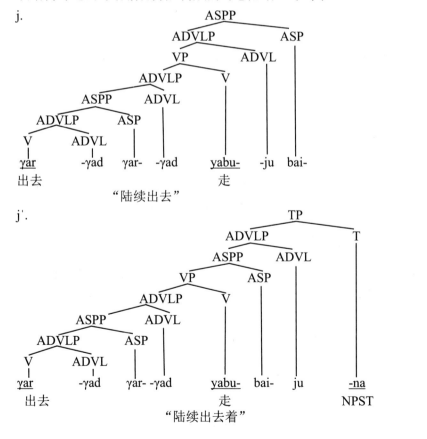

"陆续出去"

j'.

"陆续出去着"

例 j 揭示了由几个体助动词重叠构成的动词短语的结构；例 j'则揭示了该结构与非过去时语缀合并后构成的时态短语（即句子）。

需要说明的是，这里为了突出体短语结构特征，其他复杂形式和结构特征没有在树形图中表达出来，副词化形式表达体意义的一概用体来表达之。

3.7　时态短语

时态短语指的就是句子。一个合乎语法的句子应该是意义完整、有交际语气和谓语性的，由时态语缀形成的短语。

3.7.1　时态的定义

在阿尔泰语言中，如果一个动词短语不与静词化语缀合并，就必须与时态语缀和人称语缀合并，不会有第三种可能性，前者构成静词化短语，后者构成传统上所说的句子。从普遍语法的角度讲，任何一种语言的一个完整句必须带有明确的时态信息。如果句子缺乏这方面的信息，其内容就会成为令人无法理解的东西[①]。时态的语态标签为 T（来自英语 tense 的第一个字母的大写），时态短语标签为 TP（来自英语 tense phrase 的第一个字母的大写）。

3.7.2　时态的分类

蒙古语动词陈述式有时间差别，一般可分过去时、现在时、将来时，但是附加成分和语法意义之间的关系不是简单的一对一关系[②]。表示过去时间的有-jAi/-čAi/-bA/-lA；表示现在和将来时的有-nA。

3.7.3　时态短语结构特征

下面我们简要探讨一下由以上所述各类时态语缀形成的时态短语的形成及其句法结构特征。如 bi ene edür amara-na"我今天休息"，γurban honi ban südge-le "损失了三只羊"，batu -tai yari-jai "和巴图讲了"，endehi baidal -i oilaγaba "了解了这里的情况"，aha-eče jimis ab-čai "和哥哥要了水果"，bi

---

① 力提甫·托乎提：《最简方案——阿尔泰语言的句法结构》，中央民族大学出版社 2017 年版，第215 页。

② 清格尔泰：《蒙古语语法》，内蒙古人民出版社 1991 年版，第 261 页。

marɣaši ire-ne "我明天要来"，tere hümün nom abuba "那个人买书了"，minu abu hota ača irebe "我爸爸从城里来了"，man-u bariɣada-yindaruɣa yehe hural-untoɣtaɣal-i ulamjilaju öggüne "我们大队长要转达给大会决议"，等等。用树形图表示时态短语的形成及其句法结构特征如下：

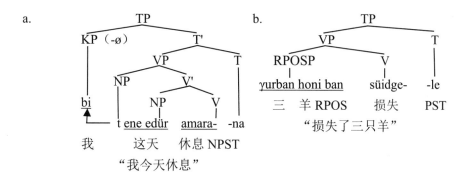

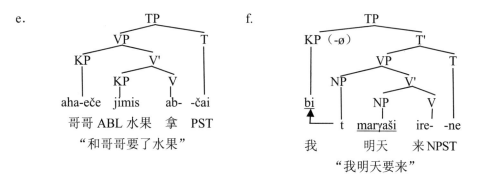

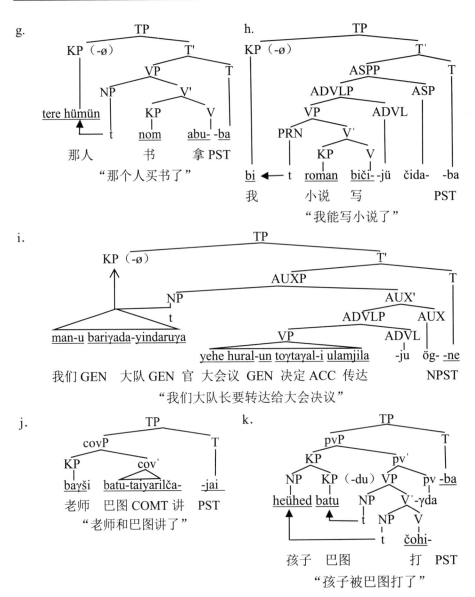

从以上的各树形图可以知道时态功能语类可与动词短语、轻动词短语、体短语和助动词短语等合并而形成时态短语。

3.8 静词化短语

正如以上所述，蒙古语的动词短语或体助动词短语最终只有两种结局：一种是它与形容词化、副词化或名词化语缀合并，构成静词化短语；

另一种是它与时和人称语缀合并，构成时态短语，即句子。本章重点探讨蒙古语静词化短语的三个分支，即形容词化短语、副词化短语和名词化短语。

3.8.1　形容词化短语

形容词化短语是指一个动词短语的形容词化，也就是传统语法所说的形动词。蒙古语的形容词化短语是由-GsAn、-hU、-dAG 等语缀构成的。形容词化成分的语类标签为 ADJL（来自英语 adjectivalizer），形容词化短语标签为 ADJLP（来自英语的 adjectivalizer phrase）。下面我们详细讨论蒙古语形容词化短语的概述、形容词化短语的界定及其分工、形容词化短语的形成及其结构和句法特点等内容。

3.8.1.1　形容词化短语概述

形容词化短语是动词短语的一种形容词化形式，它是包括蒙古语在内的阿尔泰语系语言的一大特点。它的功能相似于英语和德语等印欧语系语言中的关系从句（Relative Clause），在蒙古语中根据实际情况作为短语来处理。在以往的语法书中，它被当成动词的一种静词形式来处理。其实，形容词化短语不只是单个动词的静词化形式，而是一个短语、甚至是一个句子的静词化形式。研究形容词化短语对蒙古语句法理论的体系化极其重要。本章将蒙古语的形容词化短语作为研究对象，揭示其句法结构，从而进一步推动蒙古语语法研究的理论化进程。

虽然形容词化短语在句法研究中有着重要的地位，研究者们一般只介绍其构成成分及所表达的意义，没有进一步研究它的句法含义。本章针对这一现象，力求揭示其句法功能。总之，此项研究具有以下意义：

第一，对句法研究的意义。运用最简方案框架内的短语结构规则，比较清楚、比较深入地描写和揭示形容词化短语这一语法现象的句法结构和特性。蒙古语的形容词化短语相当于英语、德语等语言中的关系从句。关系从句是从句（Subordinate Clause）的一个种类，为主句的人和事物提供一些信息。它出现在名词性语类之后[①]。

在现代蒙古语静词化短语的研究中形容词化短语占有突出的地位，也是一种比较发达、比较活跃的语法现象。众所周知，蒙古语是黏着性语言，句法关系用不同附加成分的相加来表示，层次关系也比较复杂。在传统的语法框架内形动词形式有双重性质。即作为动词，它可以支配前面的宾语、状语等；又作为带有形容词性质的结构，它可以起到相应的修饰作用。这

---

① 木再帕尔：《维吾尔语的静词化短语》，民族出版社 2014 年版，第 168 页。

种解释是自相矛盾的，而且也是无法论证的。比如：

（1）suruγči　　　　jahidal　　biči-be.
　　　学生　　　　　　信　　　　写 PST
　　　"学生写了信。"

可以用两种方式把例（1）进行形容词化。一、将（使）其主语形容词化；二、将（使）其宾语形容词化。如：

（2）a. [suruγči　　　e_i①　　　　biči-**gsen**]　　jahidal_i
　　　　学生　　　　　　　　　　写 ADJL　　　信
　　　　"学生写的信"

　　　b. [jahidal_i　　　e_i　　　　　biči-**gsen**]　　suruγči_i
　　　　信　　　　　　　　　　　写 ADJL　　　学生
　　　"写信的学生"

例（2）a 是宾语被形容词化的短语，例（2）b 是主语被形容词化的短语。被形容词化的部分从原位移处，在原位留下其空位。与英语所不同的是，被形容词化的部分往后移，而不是往前移。按照传统语法的解释，就拿（2）b 为例，形动词 bičigsen "写" 既支配前面的宾语 jahidal "信"，又能充当 suruγči "学生" 的定语。如果说一个形动词可以充当另一个名词的定语，那还可以说得通。但是一个形动词具有形容词的性质，说它能支配前面的宾语就出现矛盾了。因为蒙古语里一般不会有具有形容词性质的词支配宾语的情况。所以这种解释是自相矛盾的，也是无法论证的。这是由于受理论的限制，学者们只能做出如上的自相矛盾、不切实际的解释。运用生成语法理论，在揭示这种层次关系时明确指出任何成分不能一身两职。在生成句法框架中类似上例的层次关系描写得会更清楚，更会合乎语法规则。请看下面的树形图：

（3）a.

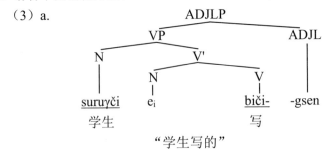

　　　　　"学生写的"

---

① e 是从这个位置移到短语后的名词留下的空位，e 和短语后名词底下的 i 表示该空位是由这个名词来控制的。

b.

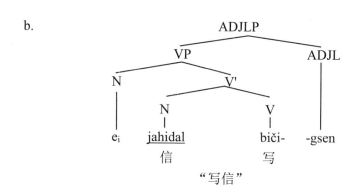

"写信"

在图（3）a 中，第一步空位（该空位原来是名词 jahidal 的位置，它被形容词化后从原位移出，留下空位）与 biči- "写"合并，构成带一个标杆的动词 e_i biči-；第二步该 V' 与名词 suruγči 合并，形成动词短语 VP suruγči e_i biči- "学生写"；第三步该动词短语与 ADJL– γsan 结合，形成了 ADJLP [suruγči e_i biči-]-gsen "学生写的"；第四步该 ADJLP 与名词 jahidal 合并，形成一个大的名词短语 NP [[suruγči e_i biči-]-gsen] jahidal_i "学生写的信"。在图（3）b 中，第一步名词 jahidal "信"与 biči- "写"合并，构成带一个标杆的 V' jahidal biči- "写信"；第二步该带一个标杆的动词短语与空的格短语（该空位原来是句子主语 suruγči 的位置，被形容词化后从原位移出）合并，形成动词短语 VP e_i jahidal biči-；第三步该动词短语与形容词化成分-gsen 合并，形成形容词化短语 e_i jahidal biči--gsen "写信的（学生）"；第四步该形容词化短语与 NP suruγči 合并，形成一个更大的 NP[[e_i jahidal biči-]-gsen] suruγči_i。这种解释具有明确的层次性，能够使以往模糊不清的问题解释得非常清楚。这对蒙古语语法研究来说是很重要的。

第二，应用价值。近几年来，在蒙古语语法研究领域出现了信息处理、人工智能、人机对话等研究热潮，在信息化处理方面取得了一些可喜的成就。比如，出现了 WPS 蒙古语版、语音处理操作系统，蒙汉英电子词典和一些软件等。但当涉及机器翻译时又出现了一些问题，尤其是在短语和句子翻译方面达不到预期的效果。这主要是因为计算机专家们在研究语言信息化处理过程中始终未能摆脱传统语法的束缚，试图将遇到的一切问题在传统语法框架内处理。一方面，很多人对生成语法的研究方法比较陌生，觉得其方法又枯燥又麻烦。无论如何，生成语法在信息化处理方面显示了自己的优越性，人机对话方面起着举足轻重的作用，在语言事实编程方面提供可操作的语法规则。更为甚者，蒙古语形容词化短语的结构本身就比较复杂，当它参与句子结构时，我们很难分析整个句子内部各成分之间的层次关系，这对计算机专家来说也是个很大的挑战。另一方面，由于形容词化短语及由他派生的各种短语结构在句子中可以整体性地出现，可以把他们与句子中的其他成分分开来分析，这就要求我们对他进行专门的研究。本课题着眼于这种需要，充分形式化描写了蒙古语的形容词化短语，为计算机处理提供了对短语结构程序的真实描写，从而为推动信息化产业的发展进程尽一份微薄力量。

运用传统语法研究蒙古语形动词的有：白音门德教授在《中古蒙古语形动词的诸形式及其演变发展》①一文中描写了中古时期蒙古语形动词的状态和发展变化情况。

森格教授在他的《有关蒙古语形动词的语义问题》②一文中研究了形动词在句子中的语义，还有在他的《有关蒙古语形动词-GSAN/-GESN》③一文中论述了蒙古语形动词附加成分 GSAN/GESN 的结构成分及其它们的发展变化。除此之外他还撰写了有关形动词数范畴的独特性及其连贯的《有关形动词数范畴的几个问题》④一文。

门杜先生在《有关格变的形动词表达的意义》⑤一文中论述了形动词过去时（-GSAN/-GESN）、将来时（-hU）的向位格变、从比格变和凭借格变等情况。

纳·格日勒图教授在《关于蒙古语动词形动词形式的两种变形形式》⑥一文中探讨了动词形动词形式的两种变形功能。

运用统计法研究的著作有：胡日勒都希在《"现代蒙古语百万词语料库"中的"GSAN/GSEN"形式的统计分析》⑦一文中运用统计法，从蒙古语语料库中统计摘出以"-GSAN/-GESN"结尾的形动词，还统计出了在语料库中谓语、主语、宾语、定语、状语的出现频率及其它们所占的比例。

哈申图雅在《蒙古语形动词静词性在日语中的表现特性（一）》⑧和《蒙古语形动词静词性在日语中的表现特性（二）》⑨两篇论文中以实例说明了

---

① 白音门德：《中古蒙古语形动词的诸形式及其演变发展》，《内蒙古大学学报》1986 年第 1 期。

② 森格：《有关蒙古语形动词的语义问题》，《蒙古语文》1986 年第 10 期。

③ 森格：《有关蒙古语形动词-GSAN/-GESN》，《蒙古语文》1985 年第 6 期。

④ 森格：《有关形动词数范畴的几个问题》，《内蒙古大学学报》1988 年第 4 期。

⑤ 门杜：《有关格变的形动词表达的意义》，载《语言文学论文集》，内蒙古人民出版社 1989 年版。

⑥ 纳·格日勒图：《关于蒙古语动词形动词形式的两种变形形式》，《蒙古语文》2006 年第 8 期。

⑦ 胡日勒都希：《"现代蒙古语百万词语料库"中的"GSAN/GSEN"形式的统计分析》，《内蒙古社会科学》2012 年第 2 期。

⑧ 哈申图雅：《蒙古语形动词静词性在日语中的表现特性（一）》，《内蒙古师范大学学报》2011 年第 1 期。

⑨ 哈申图雅：《蒙古语形动词静词性在日语中的表现特性（二）》，《内蒙古师范大学学报》2012 年第 1 期。

蒙古语形动词静词性的重要成分领属法的对应意义在日语中表达时需用形式体言的独特性。

高莲花的《蒙古语关联词组短语》[①]和《论蒙古语形容词化短语》[②]中初步探讨了蒙古语形容词化短语的界定及内部结构等问题。

同属阿尔泰语系语言的维吾尔语形容词化短语的研究成果有木再帕尔博士的《维吾尔语的形容词化短语在最简方案框架内的研究》[③]、《维吾尔语形容词化短语或关系从句》[④]、《维吾尔语形容词化短语的一些句法特征》[⑤]等论文，是在最简方案框架内研究分析维吾尔语形容词化短语结构及其特点。以上关于维吾尔语形容词化短语的研究成果对本章的写作有很大的启发和参考价值。

3.8.1.2　形容词化短语的界定及其成分的分工

一　形容词化短语的界定

形容词化短语在传统语法中叫作形动词，相应的蒙古语名字为 temdeg üile üge、čaɣtu nere 或 üiletü nere，是"既表示行为、动作，又表示事物的性质特征（包含行为、动作意义的性质、特征）。因而既有动词的性质，又有形容词的性质。"[⑥]。各语法学家对形动词的定义大同小异，目前受到普遍认可的分类法是形动词分为"过去时形容词化短语、现在时形容词化短语和将来时形容词化短语"三种。这种分类法是以动词时态的变化为依据的。其中，每一种形容词化短语有自己的附加成分。比如，过去时形容词化短语的附加成分是-GsAn，现在进行时形容词化短语的附加成分是-GA，现在—将来时形容词化短语的附加成分是-hU 等。

这些副词化短语在现代蒙古语中的用法比较广泛，句法功能也比较发达。它们都表示特定的含义。下面列表格里列出了蒙古语的副词化语缀。

形式	语缀			例子
-GsAN	-d		nUGUd	üjegsed, ybuɣsan nuɣud
-dAG		-Ud		baidaɣ ud

---

① 高莲花：《蒙古语关联词组短语》，《中国蒙古学》2010 年第 6 期。

② 高莲花：《论蒙古语形容词化短语》，《中央民族大学蒙古语言文学专业成立 60 周年暨学术研讨会》，2012 年。

③ 木再帕尔：《维吾尔语的形容词化短语在最简方案框架内的研究》，《中国社会科学院民族学与人类学研究所青年基金项目》，2008 年。

④ 木再帕尔：《维吾尔语形容词化短语或关系从句》，《满语研究》2009 年第 2 期。

⑤ 木再帕尔：《维吾尔语形容词化短语的一些句法特征》，《满语研究》2012 年第 2 期。

⑥ 清格尔泰：《蒙古语语法》，内蒙古人民出版社 1991 年版，第 285 页。

形式	语缀		例子
-hU		nUGUd	baihunuyud
-Gči	-d	nUGUd	ügulegčid,sonosuyčid
-GA		nUGUd	saɣuya nuɣud
-mAr	-Ud		ayumar ud
-mA		nUGUd	doboima nuɣud
-hUIčA		nUGUd	bolhuiča nugud
-GUšitAi		nUGUd	duraduɣušitai nuɣud

在传统语法中，形容词化短语也作动词的一种形式，在动词部分得到处理，并且形容词化成分像格附加成分一样，在词法部分受到类似派生词缀的对待，被语法学家们认为动词词干上加相应的附加成分就可以构成不同的形容词化短语，即他们试图在一个词干的平面上形成所有的形容词化短语。如我们拿动词 biči- "写" 为例，它的形动词形式可以被描述为 biči-**gsen** "写过的"，biči-**hü** "将要写"，biči-**ge** "正在写的"，biči-**mer** "可能要写" 等。这种描写的不充分性是一目了然的。因为构形法不属于词法，而属于句法。再说，虽然包括蒙古语在内的诸阿尔泰语言的黏着性要求这些语缀必须与动词词干相结合，但他们实际上缀接在整个动词短语上，而不仅仅缀接在一个动词词干上。所以这些语缀的句法层次关系应该在句法部分得到解释。我们在生成语法框架里现在把这些后缀确认为形容词化成分，因为他们能够使一个动词短语变成一个形容词。我们把他们在短语里的层次关系在新的框架里可以表示得更清楚。如：[[e jahidal biči-]-**sen**] heühed "读过书的（孩子）"，[[e jahidal biči-]-**ge**] heühed "正在写信的（孩子）"，[[e jahidalbiči-]-**hü**] heühed "将要写信的（孩子）" 这三个短语在树形图中可以表示如下：

（1）a.

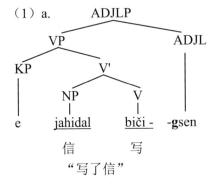

"写了信"

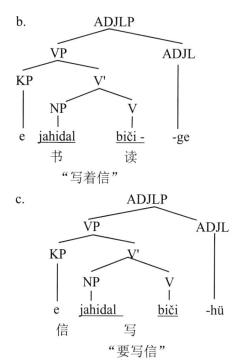

例（1）是一个动词短语与形容词化成分合并后形成的形容词化短语。在这短语结构里，在（1）a 中，首先 jahidal "信"与 biči- "写"合并，构成了动词短语 jahidal biči "写信"，然后该动词短语 jahidal biči 与空的格短语（该空位是句子主语的位置，它被形容词化后从原来的位置移出去，留下空位）合并，构成带一个标杆动词 e jahidal biči-，该 V'与形容词化成分 -GsAn 合并，构成形容词化短语[jahidal biči-]-**gsen** "写过信的"，在逻辑上 jahidal biči-表示不定式，后者则表示这个动作的完成体形式，它可以修饰接着出现的名词成分，如[e jahidal biči-]-**gsen** heühed "写过信的孩子"。图 b 和 c 的构成情况跟图（1）a 相同，但是在逻辑意义上（1）b 表示正在进行的动作，（1）c 表示将来要进行的动作。

另外，传统语法对形动词（即我们正在讨论的形容词化短语）的描写充满了矛盾，认为"形动词的语法特征主要表现在它既有动词性又有静词性，以及它的动词性和静词性的结合方面。形动词的动词性表现在它的词干有态和体的变化，前边能支配各格名词，前边可以受形容词、副词的修饰等方面。形动词的静词性则表现在它有格的变化（包括可以接加后置词、时位词等），可以接加数的附加成分和领属附加成分等方面。"①。它的意思就是，作为带

---

① 清格尔泰：《蒙古语语法》，内蒙古人民出版社 1991 年版，第 290-291 页。

有动词性质的结构，它可以支配和接受前面的宾语、状语等，作为带有形容词性质的结构充当定语、主语、谓语等。这种解释是自相矛盾的，而且也是无法论证的。这是由于传统语法中词法与句法相脱离，只在单个词的平面上处理构形变化的缘故。我们在生成语法框架内重新分析所谓的"形动词"后，发现在单个词的平面上不能解决问题。我们看以下的一系列例子：

（2）a. [aha-yin　eᵢ　jahidal　biči-**deg**]　bir-i　hara –ba uu?
　　　　哥哥 GEN　　字　　写 ADJL　笔 ACC　看见 PST M
　　　　"看过哥哥常写信用的笔吗？"

　　b. [eᵢ　talbai-du　bömböge　naγadu-**γa**]　heühed-üd-i　daγudaγarai
　　　　草场 LOC　　球　　　玩 ADJL　　孩子 PL ACC　叫 ADVL
　　　　"请叫一下在草场玩球的孩子们。"

　　c. [hümüs　eᵢ　yabu-**hu**]　jam-du　nige　čilaγu　baina.
　　　　人 PL　　走 ADJL　路 LOC　　一　　石头　有 NPST
　　　　"人们要走过的路上有一块石头。"

根据传统语法的定义，方括号内的形动词同时能够支配前后的句子成分。比如，在（2）a 中，形动词 biči-**deg** "常写"作为相当于形容词的一种形式，修饰其后的名词 bir "笔"的同时，还作为具有动词性质的一种形式，支配其前的名词 jahidal "信"。在（2）b 中，形动词 naγadu-**γa** "正在玩"的功能也跟（2）a 中的 biči-**deg** 一样。在（2）c 中，形动词 yabu-**hu** "（将来）走"作为一种形容词的形式，可以支配前面的 hümüs，又可以修饰其后面的名词 jam "路"。

我们无法论证这种描述。如果说，一个形动词修饰一个名词或名词性短语，充当其定语那还说得通，说它能支配宾语，又能修饰名词就说不通。因为无论动词支配的是什么，它都是动词短语的内部部分。当形容词化成分与它结合时，它不再是动词，而是一个形容词化短语。正因为形容词化短语具有形容词的性质，它后面出现被修饰的名词性成分是很自然的。因此我们在新的框架内将上例中方括号内的形容词化短语用树形图表示如下：

（3）a.

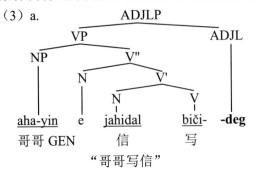

"哥哥写信"

b.

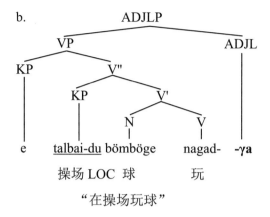

"在操场玩球"

c.

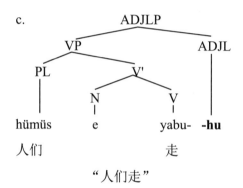

"人们走"

在上图中，形容词化短语的结构层次非常明显，它是在动词短语上缀加相应的形容词化成分来构成的。比如在（3）a 中，第一步名词 jahidal "信"与动词 biči- "写"合并，构成 VP jahidal biči- "写信"，jahidal biči-与空位合并，形成带一个标杆的 V'，该带一个标杆动词与名词 aha "哥哥"结合，形成动词短语 aha-yin e jahidal biči- "哥哥的写信"，最后该 VP 与形容词化成分-deg 合并，构成形容词化短语 aha-yin e jahidal biči-**deg**。（3）b、c 的形成过程与（3）a 一样。在这些形容词短语后可以出现名词或名词性短语，形成更大的名词短语，比如 aha-yin jahidal biči**deg** bolod bir "哥哥写信时用的钢笔"，aha-yin jahidal biči**deg** aldartu šilügči "哥哥写信的著名诗人"等。

蒙古语的形容词化短语结构比较复杂。短语结构内部的每个成分相互合并，最后构成一个大的语类后，可以跟形容词或名词一样有格、数和领属的变化外，还可以跟副词、名词等语类结合，形成更大的语类。短语结构内部的关系也较复杂。比如，-GsAn 形容词化成分带有完成体意义，-dAG 形容词化成分带有经常体意义，-GA 形容词化成分带有持续体意义。短语结构内部除了时态，其他语类都有可能出现。

在一般情况下，-Gči 形容词化成分表示行为的主体，多用于书面语。有的逐渐演变成派生形容词。如：ügeisge-**gči** eteged "虚伪主义者"、joriɣjiɣulu-**ɣči** hücün "鼓励力量"、egün -i mede-**gči** "知道这个的"、tegün -i abu-**ɣči** "要那个的"。

这类词中丧失支配名词能力的不应看作主体形动词，而应看作是一般名词。如：terigüle-**gči** "主席"、baildu-**ɣči** "战士"、tölögele-**gči** "代表"、sur-**ɣči** "学生"。[①] 在这些短语中，-Gči 成分缀加在动词上构成的短语不再是形容词化短语，而是一般的名词。所以，讨论形容词化短语的特征时以-Gči 形容词化短语的特征为准。

二　形容词化成分的分工

形成形容词化短语的语缀成分叫作形容词化成分。形容词化短语就像形容词一样修饰名词性成分。现代蒙古语中有-GsAn、-hU、-dAG、-GA、-mAr（-mA）、-Gči 等六种常用的附加成分和还有一种不完全的较少使用的形动词附加成分-GUšitAi、-hUičA 两种形容词化成分。-GsAn 形容词化成分具有过去时意义，而-hU 形容词化成分具有现在—将来时意义。-dAG 形容词化成分带有经常体意义，多用在现在时。-GA 形容词化成分带有持续体意义，多用在现在时。-mAr（-mA）形容词化成分表示动作的可能性，也表示值得的意义。-Gči 形容词化附加成分表示行为的主体。-GUšitAi 形容词化附加成分表示值得的意义。-hUičA 形容词化附加成分表示程度或某种可能性。下面看看它们的分工。

1. GsAn 形容词化语缀

-GsAn 形容词化语缀有-ɣsan/-gsen 两种形式，具有过去时意义。该形容词化语缀在现代蒙古语中使用频率较高，功能也较强。如：

（1）yabu-**ɣsan** hümün.
　　　走 ADJL　　人
　　　"走了的人"。

（2）tere hümün-ü　yabuɣsan　　-i　bi medegsen　ügei .
　　　他　　人 GEN 走 ADJL ACC 我　知道 ADJL 没有
　　　"不知道他已经走了。"

（3）bučalu-**ɣsan** usu.
　　　沸 ADJL　　水
　　　"开水"

---

① 清格尔泰：《蒙古语语法》，内蒙古人民出版社 1991 年版，第 289 页。

（4）mede-**gsen**　　ni　yabujai.
　　知道 ADJL POS　走 PST
　　"知道的走了。"

（5）nöhöd-ün γarγaγ**san**　　　　　sanal bodatu baidal tai　　neiče-jü bai-na.
同志们 GEN 出（cv、ADJL）意见实际　情况 COMT 符合 ADJL 有 NPST
"同志们提出的意见合乎实际情况。"

-GsAn 形容词化成分在现代蒙古语中是一个固定化了的成分，它把一个动词完全可以形容词化。如：yariγsan üge "说的话"、dutaγaγsan degerem "逃跑了的土匪"、iniye**gsen** učir "笑的原因"、uhilaγsan xeüxed "哭的孩子"，等等。

由这些附加成构成的形容词化短语有时没有加任何附加成分的情况下直接名词化，表示被自己修饰的成分。如：

（1）sayi gertü oroγ**san** hen?
　　"刚才进家里的人是谁？"

（2）üje**gsen** ni üje**gsen** iyen hi,üjege ügei –ni yaγu –ban hihü bui?
　　"见过的人做他见过的事，没有见过的人能做什么？　"

如果形容词化短语表达的是事物或人的一部分，后面要加领属附加成分。如：

（3）sayijin helegsenijen dahin nige udaγa yari.
　　"刚才说过的话再说一次。"

（4）üjegsen ni üjegsen iyen hi,üjege ügei –ni yaγu –ban hihü bui?
　　"见过的人做他见过的事，没有见过的人能做什么？　"

（5）či öber –ün helegsenijen martabau?
　　"你把自己说的话忘了吗？"

2. -hU 形容词化语缀

-hU 形容词化成分有-hu/-hü 两种形式，表示现在将来时。它不仅起修饰名词作用，还处在表语位置，表示陈述语气。如：

（1）yabu-**hu** edür　-iyen　　　toγtaγaya.
　　走 ADJL 天　RPOS　　　定/sg
　　"决定走的日子。"

（2）boroγan oro-**hu**　edür amaraya.
　　雨　　下 ADJL 天　休息/sg
　　"在下雨天休息。"

（3）bi　tan -tai　　yarilča-**hu** bolu-na.
　　我　您 COMT 商量 ADJL 事 有 NPST
　　"我和您有事要商量。"

3. -dAG 形容词化语缀

-dAG 形容词化成分有-daγ/-deg 两种形式，具有经常体的意义，多用于现在时。如：

（1）erte bos**daγ** hümün.

　　　早 起 ADJL 人

　　　"（平常）早起的人。"

（2）oroi unta-**daγ** jaŋšil tai.

　　　晚　睡 ADJL 习惯　有

　　　"（平常）有晚睡的习惯。"

（3）yari**daγ**　üge

　　　讲 ADJL 话

　　　"常说的话。"

（4）hideg　　ajil

　　　做 ADJL 工作

　　　"常做的事。"

4. -GA 形容词化语缀

-GA 形容词化成分有-γa/-ge 两种形式，带有持续体意义，多用于现在时。口语里主要用其否定形式 "-γa ügei/-ge ügei"，"-γa edüi/-ge edüi"，肯定形式除 baiγa，yabuγa 等少数词以外很少用。充当术语时需要有语气词、助动词的帮助[①]。如：

（1）bi　ajin –iyan　　daγusu-**γa** ügei.

　　　我　工作 RPOS　　完 ADJL　NEG

　　　"我的工作没有完。"

（2）šiidburile-**ge** ügei asaγudal

　　　解决 ADJL　NEG　问题

　　　"没有解决的问题。"

（3）man-u　　daruγa himiγaγur yabu-**γa** bui.

　　　我 GEN　　官　哪里　　走 ADJL 疑问语气

　　　"我们的首长哪里去了？"

5. -mAr（-mA）形容词化语缀

-mAr（-mA）形容词化成分有-mar/-mer/-ma/-me 四种形式，表示动作的可能性，也表示值得的意义。如：

---

① 清格尔泰：《蒙古语语法》，内蒙古人民出版社 1991 年版，第 288 页。

（1）nidü eriyelji-**mer** öŋge büri -yin　čečeg

　　　眼睛　花 ADJL　　颜色　各 GEN　花

　　　"眼花缭乱的各种花。"

（2）ögere yabuɣulu-**mar**　　　　　hümün bai-na　　　　　　　uu?

　　　别　走（使动态、ADJL）人　　有 NPST 疑问语气

　　　"有没有别的可以派去的人？"

（3）saišiya-**mar** hereg

　　　表扬 ADJL　事

　　　"值得表扬的事。"

6. -Gči 形容词化语缀

-Gči 形容词化成分有-ɣči/-gči 两种形式，表示行为的主体，多用于书面语。如：

（1）ügeisge-**gči** eteged

　　　否定 ADJL 对象

　　　"虚伪主义者"

（2）joriɣjiɣulu-**ɣči** hüčün

　　　鼓励 ADJL　力量

　　　"鼓励力量"

（3）ülü　itege-**gči** hümün

　　　别　信任 ADJL 人

　　　"不信任的人"

7. -GUšitAi 形容词化语缀

-GUšitAi 形容词化成分有-ɣušitai/-güšitei 两种形式，表示值得的意义。如：

（1）ene　　čini　　　aŋhar-**ɣušitai** yabudal baina.

　　　这　（主语标志）　注意 ADJL　　事情　有 NPST

　　　"这是值得注意的事情。"

（2）hi-**güšitei** ajil arbin baina.

　　　做 ADJL 工作 多 有 NPST

　　　"有许多值得做的工作。"

（3）sišiya-**ɣušitai** hereg

　　　表扬 ADJL　事

　　　"值得表扬的事。"

8. -hUičA 形容词化语缀

-hUičA 形容词化成分有-huiča/-hüiča 两种形式，表示程度或某种可能

性。如：

（1）hi-jü　　　　　čida-**huiča** ajil

　　　做 ADVL　　 能 ADJL 工作

　　　"能做的事情"

（2）erdem sur-**huiča** heühed

　　　知识 学 ADJL 孩子

　　　"学年儿童"

（3）yaɣuma oilaɣa-**huiča** bolhu

　　　东西　理解 ADJL　成为 ADJL

　　　"到懂事的地步。"

3.8.1.2　形容词化短语的形成及其内部结构

一　形容词化短语的形成

形容词化短语是动词短语的形容词化形式。它起修饰作用时被修饰的名词从原位中移出来，放在被修饰的核心词位置上，在原来的位置留下一个空位。即蒙古语的形容词化短语是空格型的。例如我们看看下面的句子：

（1）suruɣči-d　　　　nom　　　　uŋši-ba.

　　　学生 PL　　　　书　　　　读 PST

　　　"学生们读书了。"

这个例子是有时态成分的一个完整句子。通过形容词化，可以形成如下形容词化短语：

（2）a. [[e$_i$　nom　　uŋši]- **ɣsan**]　　suruɣči$_i$-d

　　　　　书　　　读 ADJL　　　学生 PL

　　　"读书的学生们"

　　　b.　　　[[suruɣči-d　　　e$_i$　uŋši]- **ɣsan**]　　nom$_i$

　　　　学生 PL　　　　　　读 ADJL　　　书

　　　"学生们读的书"

可见，由时态短语 suruɣčid nom uŋšiba 我们至少可以形成意思不同的两种形容词化短语。在这两种情况的形容词化短语均以动词短语为基础。假如动词的论元多于两个，可形成的形容词化短语的数量也随之增加。比如：

（3）egeči　　šihir-i　　　heühed-dü　　　　ög-be.

　　　姐姐　　糖 ACC　　 小孩 LOC　　　　给 PST

　　　"姐姐把糖给了孩子。"

在这个例子中，动词 ög-"给"有三个论元，它们是施事论元 egeči"姐姐"、受事论元 šihir"糖"和受益论元 heühed"小孩"。通过形容词化移位，可以构成如下三个形容词化短语：

（4）a. [egeči   šihir –i   e_i   öggü-**gsen**]   heühed_i
　　　姐姐   糖 ACC   给 ADJL   孩子

　　　"姐姐给糖的小孩"

　　　b. [egeči   e_i heühed-dü   öggü-**gsen**]   šihir_i
　　　姐姐   孩子 LOC   给 ADJL   糖

　　　"姐姐给孩子的糖"

　　　c. [e_i   šihir -i   heühed-dü   öggü-**gsen**]   egeči_i
　　　糖 ACC   孩子 LOC   给 ADJL   姐姐

　　　"把糖给孩子的姐姐"

一般蒙古语的大部分动词最多要求三个论元，有时也可以出现四个论元，如 baγši baγatur-iyar ene hereg-i γowa -du helegül-be. "老师叫巴特尔把这件事告诉了高娃"，其中动词 helegül-"让说"、有 baγši"老师"、baγatur"巴特尔"、ene hereg"这件事"和 γowa"高娃"四个论元。也可能出现更多论元的句子。无论如何，论元越多，可以形成的形容词化短语也就越多。即一个句子能形成多少个形容词化短语取决于句中论元的数量。句中动词有几个论元，就可以形成几个形容词化短语。

形容词化短语与名词短语合并，形成一个更大的名词短语。例（4）a、b 中，括号里的形容词化短语与名词合并，形成更大的名词短语。它的形成过程及其结构特征用树形图表示如下：

（5）a.

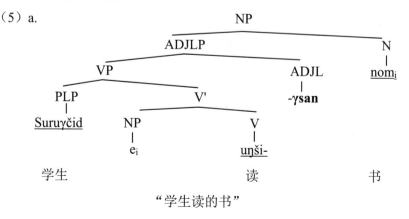

"学生读的书"

b.
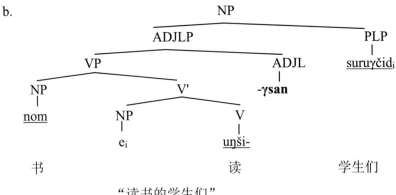

"读书的学生们"

图中，NP 底下的空位由形容词化短语修饰的名词来控制，因为该名词是从 V'底下移出来的。此图可以清楚表达形容词化短语形成的过程。

短语中的形容词化成分要与原句的时态保持一致。以上的例子含有过去时意义，因而形容词化短语用了相应的完成体成分。如果原句含有现在将来时意义，那么形容词成分也要相应地带表示未完成体意义的成分。比如：

（6）a. suruγči-d   nom   uŋši-na.
         学生们 PL   书   读 NPST
         "学生们要读书。"

    b. [suruγči-d   e_i   uŋši]-hu   nom_i
        学生 PL   读 ADJL   书
        "学生们将要读的书。"

    c. [e_i   nom   uŋši]- hu   suruγči-d _i
        书   读 ADJL   学生   PL
        "将要读书的学生们。"

而不能是：

  *b'. [suruγčid e uŋši]- γsan nom
       "学生们读（过）的书"

  *c'. [e nom uŋši]- γsan suruγčid
       "读（过）书的学生们"

  *b". [suruγčid e uŋši]- γa nom
       "学生们正在读的书"

  *c". [e nom uŋši]- γa suruγčid
       "正在读书的学生们"

二 形容词化短语的结构特征

蒙古语的形容词化短语有由形容词化成分-GsAn、-hU、-dAG、-GA、-mAr（-mA）、-Gči、-GUšitAi 和-hUičA 等构成的-GsAn 形容词化短语、-hU 形容词化短语、-dAG 形容词化短语、-GA 形容词化短语、-mAr（-mA）形容词化短语、-Gči 形容词化短语、-GUšitAi 形容词化短语和-hUičA 形容词化短语。下面我们探讨这些形容词化短语的内部结构特征。

1. 形容词化短语的形式

蒙古语的形容词化短语是以形容词化成分-GsAn、-hU、-dAG、-GA、-mAr（-mA），-Gči、-GUšitAi 和-hUičA 等为标志的。其中前六者出现频率高，使用范围比较广泛。又可以带有时态或体意义，如： -GsAn 表有过去时态、-dAG 有经常体意义。后两者是较少使用的形动词附加成分。无论缀加哪一种语缀，都可以用三种方法对其进行形容词化。在第一种形容词化短语中，被形容词化的名词短语 NP 为括号里短语的主语，如（1）a。在第二种形容词化短语中，短语主语以领属格形式出现，如（1）b。在（1）c 例的形容词化短语中，形容词化的 NP 是括号里短语的主语，就像 b。然而，在这个形容词化短语中，括号里短语的主语不带领属格。从这个角度讲，第三种形容词化短语形式上相似于第一种形式，而功能上相似于第二种形容词化短语。如：

（1）a. [e$_i$ heühen-i hairala-γ**san**] jalaγu$_i$
　　 女孩 ACC 爱 ADJL 小伙子
　　 "爱上女孩的小伙子"

　　 b. [heühen-ü e$_i$ hairala-γ**san**] jalaγu$_i$
　　 女孩 GEN 爱 ADJL 小伙子
　　 "女孩爱上的小伙子"

　　 c. [heühen e$_i$ hairala-γ**san**] jalaγu$_i$
　　 女孩 爱 ADJL 小伙子
　　 "女孩爱上的小伙子"

从以上三个例子中可以看到，蒙古语的关系短语是中心词在后，并且没有明显的标句词（Complementizer）或者 Wh 成分等。

2. 形容词化短语的类型

通过研究 50 多种语言中的关系从句，Keenan 和 Comrie（1977）提出名词短语可达性假设（NPAH，即 Noun Phrase Accessibility Hypothesis）。该假设是由 6 个语法关系构成的顺序。它基于将不同类型的一些语言中的 RC 结构比较研究而得出的类型标志上。它的焦点为可以关系化的 NP 的位置。这可以因语言的不同而不同。根据该假设，所有语言中的主语都可以被关系化。如果一个语言在顺序中已知的位置上可以构成 RC，它在顺序中比它高级的所有位置上都可以构成 RC。反之则无。NPAH 可以归纳如下：

SU>DO>IO>OBL>GEN>OCOMP

以上顺序表明，若一个语言在 OCOMP，即在最有标志的形式上允许关系化，则它在其他 RC 位置（即不如前者那么有标志的形式）上也允许关系化。如果一个语言在 GEN 位置上允许关系化，则它在主语（Subject, SU），直接宾语（Direct Object, DO），间接宾语 I（Indirect Object, IO）和间接宾语 II（Oblique Object, OBL）位置上也允许关系化，但在比较宾语（Object of Comparison，OCOMP）位置上不允许关系化[①]。如：

（1）

a. The man who wrote the book

b. The book that the man wrote

c. The man to whom she gave the book

d. The girl with whom he danced

e. The man whose son ran away

f. The man whom mary is taller than

根据 NPAH 假设，我们可以断定蒙古语的主语（Subject, SU），直接宾语（Direct Object, DO），间接宾语 I（Indirect Object, IO）和间接宾语 II（Oblique Object, OBL）和 GEN（领属格名词）都可以被形容词化。如：

（2）a. Subject:　　[e_i　　nom-i　　uŋši-γsan]　　heühed$_i$

　　　　　　　　　　书 ACC　　读 ADJL　　孩子

　　　　"把书读的孩子"

　　b. Direct Object:　　[tegün-ü　　e_i　　abu-γsan]　　nom$_i$

　　　　　　　　　　　　她 GEN　　　　买 ADJL　　书

　　　　"她买的书"

　　c. Indirect Object:　　[egeči　　šihir-i　　e_i　　ög-gsen]　　heühed$_i$

　　　　　　　　　　　　　姐姐　　糖 ACC　　　　给 ADJL　　小孩

　　　　"姐姐给糖的孩子"

　　d. Oblique Objects:[yerüngheilegči –yin e_i（*-iyer）gere –dü γar –un üsüg

　　　　　　　　　　　总统 GEN　　　　　　协议 LOC　　　签字

jiru-γsan]ene bir$_i$

　　　　这个笔

　　　　"总统签协议时使用的笔。"

---

① 木再帕尔：《维吾尔语的静词化短语》，民族出版社 2014 年版，第 186 页。

e. Genitive:　[e~i~　jočin　ger-tüni　　**ire-gsen**]　heühen~i~

　　　　　　　客人　家 LOCPOS　来 ADJL　女孩

　　　　　"客人来家里的女孩"

虽然主语（subject,SU），直接宾语（Direct Object,DO），间接宾语 I（Indirect Object, IO）、间接宾语 II（Oblique Object, OBL）和 GEN（领属格名词）可以被形容词化，比较宾语（Object of Comparison，OCOMP）不能被形容词化。如：

（3）Object of Comparison：*[baγatur　e~i~　hurduhan　güyü-gsen] batu~i~

　　　　　　　　　　　巴特尔　　快 GRADE　跑 ADJL　巴图

　　　　　　　　"*巴特尔快跑的巴图"

这个形容词化短语是在 baγatur batu ača hurdun güyüjei "巴图比巴特尔跑得快"的基础上形成的。比较对象 batu "巴图"形容词化后所形成的形容词化短语不合语法。

除此之外，possessive NP(领属名词)也可以被形容词化。如：

（4）[heühen-ü　　e~i~　ger-tü　　ire-gsen]　　jočin~i~

　　女孩 GEN　　　　家里 LOC　来 ADJL　　客人

　　"来女孩家里的客人"

3.8.1.3　形容词化短语的句法结构特征

传统语法中当一个形容词与复数、格、后置词和领属成分结合时称为名物化形容词，并且认为形容词在句子中起名词作用。这种看法不妥当。形容词的这一特征是由他的形容词性性质决定的，而不是因为他变成了名词。我们下面再看看具体的分析结果。形容词化短语的句法结构特征指形容词化短语可否与各种功能语类合并。一般地，形容词化短语与名词性短语一样与复数、格、后置词和领属等功能语类合并。

一　与复数功能语类的合并

形容词化短语在功能上相当于形容词。形容词一般表示人或事物的性质、特征等。蒙古语中有时也发现形容词后边缀加复数语类的现象，这时，复数附加成分表示复数的，具有该性质特征的人物。也就是，它既有复数意义，又有构词的意义[1]。如：teneg "愚笨的" + -üd = [[teneg^A^]üd^PL^] ^PLP^ "那些愚笨的"，maγu "坏" +-s = [[maγu ^A^]s^PL^] ^PLP^ "那些坏的"，sain nehemel "好织的" + -üd=[[[sain]^A^nehemel^A^]üd^PL^] ^PLP^ "好织的那些"，maši teneg "很愚笨的" + -üüd=[[[maši^ADV^] teneg^A^]AP^üd^PL^] ^PLP^ "很愚笨的那些"。用树形图表示如下：

---

① 清格尔泰：《蒙古语语法》，内蒙古人民出版社 1991 年版，第 118 页。

（1）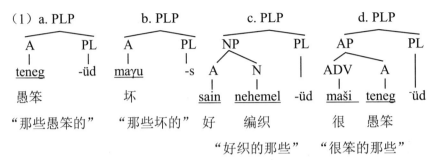

例（1）a、b 是一个形容词 A 与复数成分合并后构成的复数短语 PLP。（1）c 是一个名词短语 NP 与复数成分合并后构成的复数短语，（1）d 是一个形容词短语 AP 与复数成分合并后构成的复数短语。在这一结构里，第一步 teneg 和 maši 合并，构成了形容词短语 maši teneg "很笨"；第二步该形容词短语 maši teneg 与复数成分-üd 合并，构成了复数短语 PLP maši tenegüd "很笨的那些"等。从语义角度讲，当一个形容词与-Ud、-d、-s 合并后不再表示性质或特征，而表示具有相应性质或特征的人或事物，类似于英语的 the olds "老人们"，the poors "穷人们"等。这就是说，当一个形容词与-Ud、-d、-s 合并后，它的名词性功能更为突出，即它在功能上接近于一个名词。但在被别的成分修饰时仍然受到限制，并不像一般名词那样自由，如我们说*suryaγuli dahi sain -ud（欲表达意义："学校里学习好的那些"）或*nige hedün dehi sain-ud（欲表达意义："几个中的好的那些"）的时候凭语感可以察觉这种结合并不是很自然的。这里的原因可能有二：一、在句法上形容词本来就不接受像 suryaγuli dahi "学校里的"，nige hedün "几个，若干"这样的格短语或不定数量词的修饰，只能接受 maši, neŋ, tuŋ "很、非常"等程度副词的修饰。二、当这类形容词与复数成分-Ud/-d/-s 等合并后构成复数短语时，在语义上具有一个集合名词的抽象特征。因此当这类复数短语 PLP 被其他语缀修饰时就出现具体性与抽象性之间的冲突。在传统语法中遇到类似问题时，认为形容词先变成了名词，然后缀加复数语缀。言外之意就是说，形容词后面不能接加复数功能语类，一旦缀接复数语缀，它就变成名词。这种解释不正确。虽然形容词和名词是不同的两种语类，但是它们同享着名词性语类特征，所以这两个语类都可以缀加复数成分是很自然的。

形容词化短语是一个动词短语 VP 与形容词化成分合并而形成的。一般来说，由-GsAn、-dAG、-hU 等构成的形容词化短语与复数成分合并的情况较多见，如[[[dashalN hi-V]VP-gsenADJL]ADJLP-dPL]PLP = dashal higsed "做作业的那些"，[[[erteN bos-V]V']VP-daγADJL]ADJLP-udPL]PLP=erte bosdaɣud "早起的那些"，[[[talbai-duKP[bömbögeN　naɣad-V]V']VP-ɣsanADJL]ADJLP-dPL]PLP = talbai-du bömböge naɣaduɣsad "在草场玩球的那些"。这些短语的形成过程及其结构用树形图表达如下：

（2）

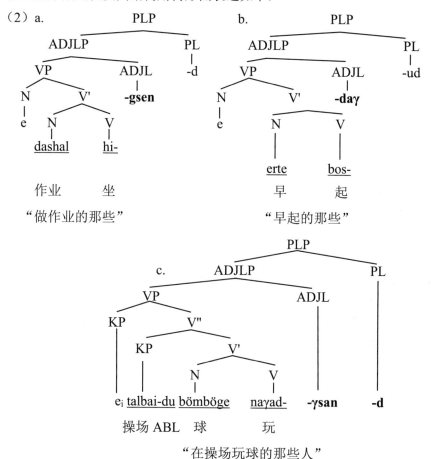

a.

"做作业的那些"

b.

"早起的那些"

c.

"在操场玩球的那些人"

图（2）a、b、c 是一个 ADJLP 与 PL 合并后构成的 PLP。在图（2）a 里，第一步 dashal 与 hi-结合，形成了 VP dashal hi-"做作业"；第二步该 VP dashal hi-与 ADJL -gsen 合并，形成成了 ADJLP dashal hi-gsen "做作业的（人）"；第三步该形容词化短语与 PL 合并，形成了 PLP dashal hi-gsed"做作业的那些"。图（2）b、c 的形成方式与（2）a 一样。

从语义角度说，类似形容词化短语与复数语缀合并的结构一般指动作的主体，因此，以上的结构也可理解为 "做作业的那些人"。但这不是绝对的，因为形容词化短语一般修饰的是从原句中移出来的任何一个成分。而蒙古语中任何一个论元都可以移出来。如果我们假设以上的结构均为来自 suruɣčid dashal hiba "同学们做了作业"，那么，dashal hi-gse-d "做作业的那些"中少了 suruɣčid,因此它指这一主体;如果动作的主体以领属者的形式表现为[suruɣčid-unKP [[[hi-V]VP -gsenADJL]ADJLP-dPL]PLP -iPOS]POS´]POSP = suruɣčid-un higsed-i"把学生们做的那些"的话,就指动作的客体"作业"。对(2)b 来说,如果我们把这一结构假设为 heühed talbai-du bömböge naɣadu-**ɣsan**"孩子们在草场上玩了球",那么 talbai-du bömböge naɣadu-**ɣsad**"在草场上玩球的那些"中少了 heühed。因此它指的主体是 heühed。如果动作的主体以领属者的形式表现为 heühed-ün talbai-du naɣadu-**ɣsad-i**"孩子们在草场玩的那些"的话,就指动作的客体"球"。这是该形容词化短语本身的特征,与复数成分-d、-UUd、-s 的参与与否无关。

　　二　与领属功能语类的合并

　　形容词语类与领属功能语类合并的结构也比较常见。如 čečeg-ün čaɣan-ni"花的白色的那个",nidün-ü tomo-ni"眼睛的大的那个",usun-u gün-ni"水的深的那个"等。形容词化短语与领属成分结合时同样能构成领属短语,它们的形成过程及其句法结构用树形图表示如下:

(3) a.

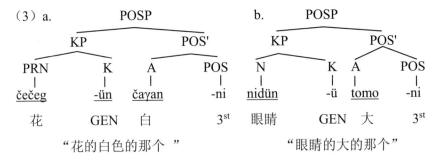

"花的白色的那个"　　　　　　"眼睛的大的那个"

c.

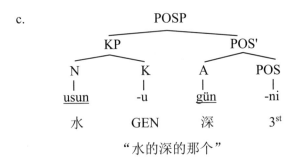

"水的深的那个"

　　这些都是分别由形容词 čaɣan"白"、tomo"大"、gün"深"等构成的领属短语,多见于诗歌中,可以指人,也可指其他事物。一般领属者不出现,而出现的是领属部分。它们的形成过程及其句法结构用树形图表示如下:

（4）

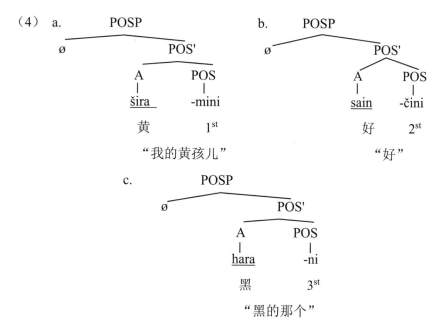

a.
```
        POSP
      /      \
    ø         POS'
            /      \
           A       POS
           |        |
          šira    -mini
           黄      1st
```
"我的黄孩儿"

b.
```
        POSP
      /      \
    ø         POS'
            /      \
           A       POS
           |        |
          sain    -čini
           好      2st
```
"好"

c.
```
        POSP
      /      \
    ø         POS'
            /      \
           A       POS
           |        |
          hara     -ni
           黑      3st
```
"黑的那个"

一般来讲，由过去时-GsAn、将来时-hU、具有经常体意义的-dAG 成分构成的形容词化短语与领属成分合并的情况较常见。如：

（5）a. [batu-yin　　tana-du　　　**hele-gsen-čini**]　　taɣarana.

巴图 GEN　　塔娜 LOC　　说 ADJL　POS　　　对 NPST

"巴图对塔娜说的对"

　b. [ta öber -ün　　**hele-gsen**]-ijen　　martabau?

您 自己 GEN　　说 ADJL　（领属）　　忘 PST、M

"您把自己说的话忘了吗？"

　c. [bilig öber-tegen　　　　ire-hü]-ni degere.

比力格 自己 LOC POS　　来 ADJLPOS 好

"比力格本人自己来为好"

　d. [hi-gsen]-ni　　jüitei.

做 ADJLPOS 正确

"做得正确"

在上面的几个例子中，形容词化短语与领属成分结合，构成了领属短语。当形容词化短语中的主语与动词之间的关系调整为领格—领属关系时，形容词化部分里出现另一个主语位置，但这一主语位置必须空着。它们的形成过程及其句法结构用树形图表示如下：

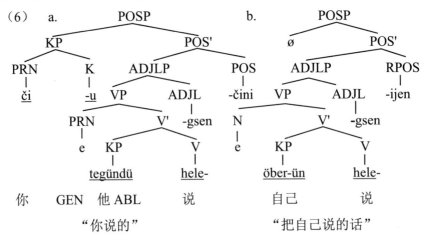

（6）　a.

你　GEN　他 ABL　　说
"你说的"

b.

自己　　　　　说
"把自己说的话"

从上图中可以看出，在领属短语中，如果形容词化短语参与的话，领属者的人称可以通过人称领属成分知道，因此领属者的出现与否并不重要。

三　与格（K）的合并

形容词有时可以代替它所修饰的事物，因而，形容词的格与名词的格有共同之处。但形容词毕竟是表示事物性质特征的一类词，因而形容词的格与名词的格又不完全相同①。如 hurdun "快" + i（宾格）= [hurdun]^A-i^K]^{KP} "把快的"，sain "好" +-ača（从格）= [[sain]^A] -ača ^{K}]^{KP} "从好的里头"。它们的形成过程及其句法结构用树形图表示如下：

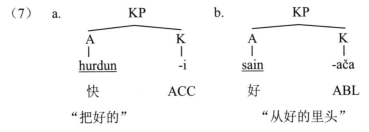

（7）　a.　　　　　　　　b.

快　　　ACC　　　　　好　　　ABL
"把好的"　　　　　　　"从好的里头"

形容词化短语可以直接与格功能语类合并。在形式上与名词基本一致，但表达的意义与名词的格有许多不同之处。有关形容词化短语与格合并后表示的相应意义，请参看清格尔泰教授的"蒙古语语法"中描述的形动词的静词性部分②。具有过去时意义的-GsAn，现在将来时意义的-hU，经常体意义的-dAG，持续体-GA，可能性意义的-mAr（-mA），主体意义的-Gči 构

---

① 清格尔泰：《蒙古语语法》，内蒙古人民出版社 1991 年版，第 188 页。

② 清格尔泰：《蒙古语语法》，内蒙古人民出版社 1991 年版，第 293—307 页。

成的形容词化短语都可以与格合并，并且必然将这些时或体意义带入所形成的格短语中。如带有将来时意义的形容词化短语与向位格-dU/-tU 结合时有时可以表示"具有行为意义的时机"或"当……时候"等时间概念，而不是地点概念，与从比格结合有时可以表示"从……时候起"等;又如带有过去时意义的-GsAn 与向位格-dU 结合时也可表示"当……时候"等时间概念，而不是地点概念；与从比格 AčA 结合时表示"从……时候起"或可以表示行为意义的原因。如[[[e surɣaɣuli -du^{KP} oči-^{V}]^{VP}-ɣsan^{ADJL}] ^{ADJLP}-du^K]^{KP}= surɣaɣuli-du oči-**ɣsan**du "去学校的时候"、[[[e jahidal^{KP} biči-^{V}]^{VP}-**gsen**^{ADJL}] ^{ADJLP}-eče^K]^{KP}= jahidal biči-**gsen**-eče "从写信起"、minu ire**hü** tegün-ü yabu**hu –tai** taɣarajai "我来的时候正碰他走"、bodoɣsan –iyar hele**hü** "按照想的说"、tan-u irehü-yi bide hüsejü baina "我们希望您来"、irehü-yin emüne "来之前"、hödelmüri hig**sen** –eče "从做劳动"、eji hele**gsen** –dü "妈妈说"等。用树形图表示这些形容词化短语与格功能语类合并形成的格短语的形成过程及句法其结构特征表达如下：

（8）

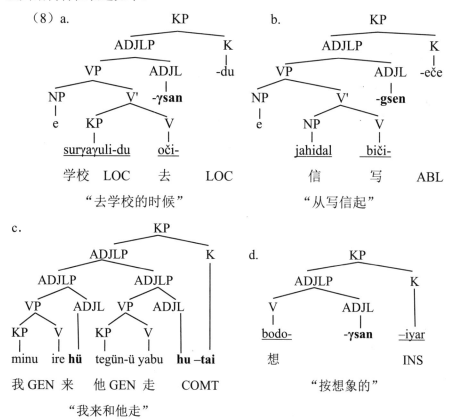

a.

"去学校的时候"

b.

"从写信起"

c.

"我来和他走"

d.

"按想象的"

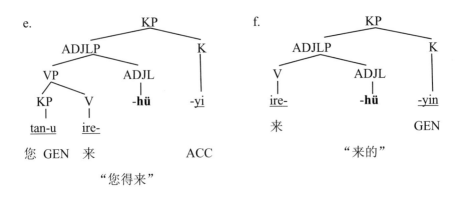

e.

KP

ADJLP — K

VP — ADJL

KP — V

tan-u ire-

-hü -yi

您 GEN 来 ACC

"您得来"

f.

KP

ADJLP — K

V — ADJL

ire-

-hü -yin

来 GEN

"来的"

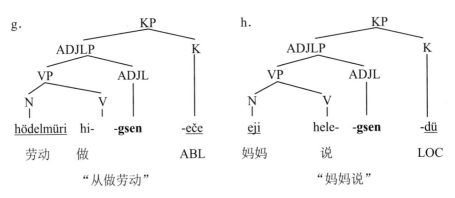

g.

KP

ADJLP — K

VP — ADJL

N — V

hödelmüri hi-

-gsen -eče

劳动 做 ABL

"从做劳动"

h.

KP

ADJLP — K

VP — ADJL

N — V

eji hele-

-gsen -dü

妈妈 说 LOC

"妈妈说"

以上所述的形容词化短语都可与格合并，有关与格合并后表示的相应意义，请参看清格尔泰教授的"蒙古语语法"中描述的形动词的静词性部分①。

四　与后置词功能语类的合并

形容词化短语与后置词合并形成后置词短语。具有过去时意义的-GsAn、将来时意义的-hU、经常体意义的-dAG、持续体-GA、可能性意义的-mAr（-mA）、主体意义的-Gči 构成的形容词化短语都可以与后置词合并。如带有过去时意义的-GsAn、将来时意义的-hU 与后置词结合可构成后置词结构及一些时位词结构。如[bi dulma-yi üje-**gsen** metü bile]="我好像见过多乐玛"、 [degere ügüle**gsen** yosoɣar hihü]"按上述方法做"、[tegün i ire**hü** bolɣan -du yehe jočiladaɣ]"他每次来都特别招待"、[oroi boloɣ**san** tula marɣaši yabuya]"天晚了，所以明天再走吧"等。这些短语的形成过程及其句法结

① 清格尔泰：《蒙古语语法》，内蒙古人民出版社 1991 年版，第 293-307 页。

构用树状图表示如下：

（9）a.
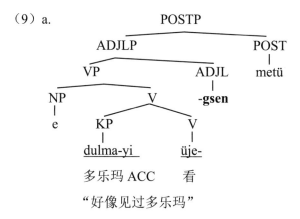

"好像见过多乐玛"

b.
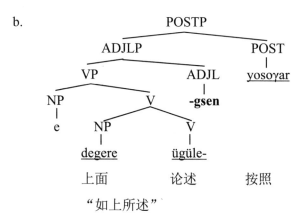

"如上所述"

c.
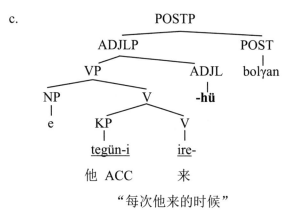

"每次他来的时候"

d.

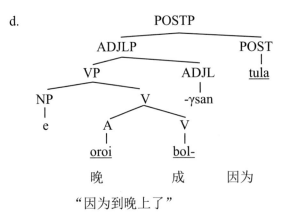

"因为到晚上了"

与后置词 bolɤan "每" 合并时有时候表示让步：[[[e tegün dü^{KP}hele-^V]^{VP} -hü^{ADJL}] ^{ADJLP} bolɤan ^{PST}]^{PSTP} = tegün dü helehü bolɤan "即使/就是跟他说了"。它们的形成过程及其句法结构用树形图表示如下：

（10）

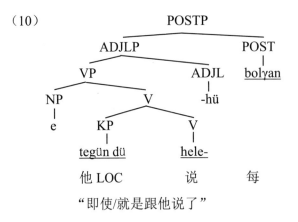

"即使/就是跟他说了"

形容词化短语有时也可以领格、从比格、和同格等格形式为基础与后置词结合，构成后置词短语，时位词结构以及相应的短语。如 üilečilehü-yin tölöge "为了服务"，minu ende iredeg-ün učir -ni "我来这里是因为"，irehü-yin emüne "来之前"，iregsen-eče hoina "来了之后" 等。它们的形成过程及其句法结构用树形图表示如下：

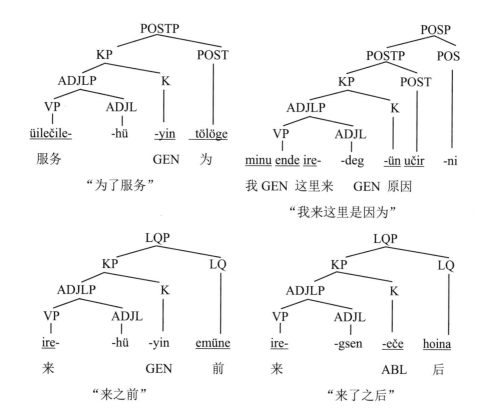

七、与功能语类语气词的合并

形容词化短语可以与语气词功能语类合并构成相应的语气词短语。在这里我们选出否定语气功能语类和肯定语气功能语类与形容词化短语合并的句法结构特征。

1. 与否定功能语类（NEG）的合并

形容词化短语与否定成分合并，构成否定短语。可以与形容词化短语结合的否定语缀有 ügei、ülü、ese、edüi 等。其中 ülü、ese 与形容词化短语合并时必须出现在形容词化短语前面，所以这两个否定功能语类改变不了形容词化短语的结构，即合并后构成的新短语还是形容词化短语，主要用在书面语中。如 tere ülü medehü mayiɤtai saɤuju baina "他装作不知道在那里坐着"。edüi 用于-GA 形容词化成分后。如：bi tegün tei učaraɤadui "我还没遇到他"。

ügei 否定功能语类可以与具有过去时意义的-GsAn，现在将来时意义的-hU，经常体意义的-dAG，持续体-GA，可能性意义的-mAr（mA）等形容词化成分合并构成否定短语。bi tende očidaɤ ügei "我（平常）不去那里"、

medegsen ügei ni hočorčai "不知道的留下了"、 irehü(hümün) ni irege ügei "该来的还没有来。" bi medehü ügei "我不知道"、bi ajil –iyan daγusuγa ügei "我的工作没有完"、 bi čiŋgijü oγtu bodoγa ügei "我从来没有那样想过"、 teimü doboima ügei "没有那么显著"等。它们的形成过程及其句法结构用树形图表示如下：

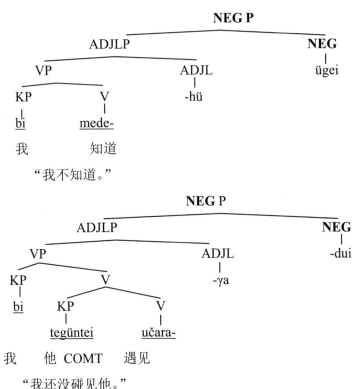

"我不知道。"

"我还没碰见他。"

其他否定功能语类的形成过程也与上图一样。

2. 与肯定语气词功能语类（AFF）的合并

形容词化短语与肯定成分合并，构成肯定短语。可以与形容词化短语结合的肯定语缀有 yun、šiU、šide、aji、bulai 等。其中最常用、使用频率较高的是前两个肯定成分，它们可以与具有过去时意义的-GsAn，现在将来时意义的-hU，经常体意义的-dAG，持续体-GA，可能性意义的-mAr（mA）等形容词化成分合并构成肯定短语。如 bi teden –tei aγuljahu yum "我要和他们见面"、ene čini tung sain hömün baiγa yum "这个人非常好"、tegün-i tölögelegči-ber songγoγsan šiu "把他选为代表啦"等。它们的形成过程及其句法结构用树形图表示如下：

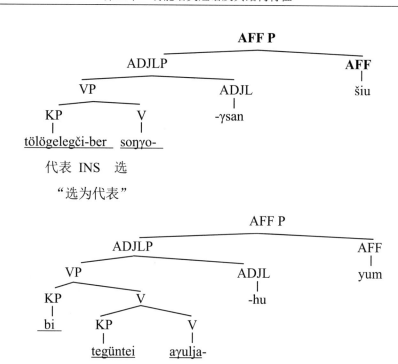

"选为代表"

"我要和他见面"

其他肯定功能语类的形成过程也与上图一样。

需要指出的是，语气词功能语类的其他类也可以与形容词化短语合并形成相应的语气类短语。它们的形成过程与上述的否定短语和肯定短语的形成过程是一样的。因此未一一列举。

3.8.2　副词化短语

副词化短语是动词短语的一种副词化形式，包括蒙古语在内的阿尔泰诸语言也包含此类句法成分，并且都有自己的特点。在以往的蒙古语语法著作中，将其作为动词的一种静词形式进行过专门的研究，但是研究运用的理论框架基本相似，结论大同小异，只停留在分类和讨论构成过程的层面上。在传统语法中，一般是将副词化短语当作动词的一种特殊形式，即带有过渡性特点的特殊部分来讨论，并且认为它们部分地保留了动词的基本语义和语法特征，具有副词的某些语法意义和语法形式。副词化成分的语类标签为 ADVL（是来自英语 adverbializer），由副词化成分构成的副词化短语的语类标签为 ADVLP（来自英语的 adverbialized phrase）。

本章将现代蒙古语的副词化短语作为研究对象，在生成语法理论的指导下，较全面、系统地描写、分析和解释现代蒙古语副词化短语的结构和特点，以从新的角度深入地研究副词化短语的构造特征，这种研究对蒙古语语法理论的完善有所裨益。

3.8.2.1　副词化短语的界定

副词化短语在传统语法中叫作副动词，相应的蒙古语名字为 nügüčel üile üge。它修饰一个主句的动词或者充当整个主句的状语。传统语法认为"动词兼有副词功能的一种形式"[①]。各语法学家对副词化短语的定义和分类基本一致。一般被普遍接受的分类法是副词化短语分为-jU/-čU 副词化短语、-GAd 副词化短语、-n 副词化短语、-bAl 副词化短语、-bAčU 副词化短语、-tAlA 副词化短语、-hUlAr 副词化短语、-rA 副词化短语、-mAnjin/-mAn 副词化短语、-mAGčA 副词化短语、-ŋGUtA/-ŋGAn 副词化短语、-GsAGAr 副词化短语等 12 种。其中-jU/-čU 副词化短语、-GAd 副词化短语、-n 副词化短语、-bAl 副词化短语、-bAčU 副词化短语、-tala 副词化短语、-hUlAr/-hUlA 副词化短语、-GsAGAr 副词化短语等这些副词化短语在现代蒙古语中的用法比较广泛，句法功能也比较发达。它们都表示特定的含义。下表里列出了蒙古语的副词化语缀。

序号	副词化语缀名称	语缀	例词
1	-jU/-čU 并列副词化语缀	-ju/-jü/-ču/-čü	uŋšiju "读着"，helejü "说着"，bičijü "写着"
2	-Gad 先行副词化语缀	-γad/-ged	uŋšiγad "读了后"，heleged "说了后……"，bičged "写了后……"
3	-n 联合副词化语缀	-n	uŋšin "读"，helen "说"，bičn "写"
4	-bAl 假定副词化语缀	-bal/-bel	uŋšibal "假如读"，helebel "如果说"，bičibel "要是写"
5	-bAčU 让步副词化语缀	-bаču/-bečü	uŋšibaču "即使读……也"，helebečü "即使说……也"，biči bečü "即使写……也"
6	-tAlA 界限副词化语缀	-tala/-tele	iretele "一直到……来"，hürtele "一直到"，čaitala "一直到……天亮"
7	-hUlAr 附带副词化语缀	-hular/-hüler/ -hula/-hüle	uŋšihular "一读……才（就）"，helehüler "一说……就"，bičihüler "……写后"
8	-rA 目的副词化语缀	-ra/-re	uŋšira "为了读"，helere "为了说"，bičire "为了写"
9	-mAnjin 前提副词化语缀	-manjin/-menjin/ -man/-men	uŋšimanjin "只有读……才"，helemenjin "只有说……才"，bičimenjin "只有写……才"
10	-mAGčA 衔接副词化语缀	-maγča/-megče	uŋšimaγča "一读……就"，helemegče "一说……就"，bičimegče "一写……就"

---

① 清格尔泰：《蒙古语语法》，内蒙古人民出版社 1991 年版，第 195 页。

续表

序号	副词化语缀名称	语缀	例词
11	-ŋGUtA/-ŋGAn 紧随副词化语缀	-ŋɣuta/-ŋgüte/-ŋɣan/-ŋgen	uŋšiŋɣuta "一说……就", heleŋgüte "当说……时", bičiŋgüte "当写……时"
12	-GsAGAr 延续副词化语缀	-ɣasɣar/-gseger	uŋšiɣasɣar "一读……就/读着", helegseger "一说……就/说着", bičigseger "一写……就/写着"

以上我们列出 12 个副词化语缀，并根据其较典型的意义给它们命名。当然，每个副词化语缀在实际语言中表达的意义要远远超出这些名称所表达的意义范围。下面让我们看看它们各自的具体用法。

3.8.2.2 副词化短语的构成

在传统语法中，副词化短语作为动词的一种静词形式，在动词部分得到处理，并且副词化成分也像格附加成分一样，在词法部分受到类似派生词缀的对待，被语法学家们认为动词词干上缀加相应的附加成分就可以构成不同的副词化短语，即它们试图在一个词干的平面上形成所有的副词化短语。如我们拿动词 uŋši- "读" 为例，它的副动词形式可以被描述为 uŋšiju "读着"，uŋšiɣad "读了后……"，uŋšibal "假如读"，uŋšihular "一读……才（就）"，uŋšimanjin "只有读……才" 等。这种描写的不充分性是一目了然的。因为构形法不属于词法，而属于句法。再说，虽然包括蒙古语在内的阿尔泰语言的黏着性要求这些后缀必须与动词词干相结合，但它们实际上缀加在整个动词短语上，而不仅仅缀加在一个动词词干上。所以这些后缀的句法层次关系应该在句法部分得到解释。我们现在在生成语法框架里把这些后缀认定为副词化成分，因为它们使一个动词短语变成具有副词性质的一种短语。我们把它们在短语里的层次关系在新的框架里可以表示得更清楚。如 nom uŋšiju "读着书"，jahidal bičiŋgüte "当写信……时"，surɣaɣuli du očitala "一直到去学校"，ger tegenharibal "如果回家乡" 这 4 个短语的形成过程及其句法结构特征在树形图中可以表示如下：

（1）

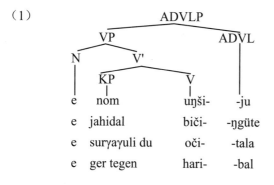

例（1）是一个动词短语 VP 与副词化成分合并后构成的副词化短语 ADVLP。在这一结构里，首先 nom 与 uŋši-合并，构成了动词短语 nom uŋši-"读书"，它与前面的域外论元（即主语，这里的主语因与上一层主语相一致而用空位 e 替代）合并构成了完整的动词短语(VP) e nom uŋši-。然后该动词短语 e nom uŋši-与副词化成分-ju 合并，构成副词化短语[e nom uŋši]-ju，表示接着将发生另一种动作。以同样的方式构成的副词化短语[e jahidal biči-] -ŋgüte 在逻辑意义上表示紧随这一动作将发生另一动作；副词化短语 [e suryayuli du   oči-] -tala 在逻辑意义上表示一种界限；副词化短语[e ger tegen hari] -bal 在逻辑意义上表示一种假定。其他副词化成分也相加在动词短语上，形成类似以上的副词化短语。

另外，传统语法对副词（即我们正在讨论的副词化短语）的描写充满了矛盾，认为"其具有动词特点的同时，还带着副词的特点。它有动词特点时，有语态和时态、肯定和否定等形态变化，并支配带格的名词。具有副词特点时修饰动词作状语。它的意思就是，作为带有动词性质的结构，它可以支配和接受前面的主语、宾语，作为带有副词性质的结构，它可以充当状语。这种解释是自相矛盾的，而且也是无法论证的。这是由于传统语法中词法与句法相脱离，只在单个词平面上处理构形变化的缘故。我们在生成语法框架内重新分析所谓的"副动词"后，发现在单个词平面上不能解决问题。我们看以下的一系列例子：

（2）　batu　　　ene učir-i　　　 snos--yad　　 mede-jei.

　　a.　巴图　　 这事-ACC　　 听-GAd.ADVL　 知道-PST

　　　　"巴图听了这件事知道了"。

　　b.　čimayi　　 buča--hular　　　　 öggü-ye.

　　　　你-ACC　　 回去-hUlAr.ADVL　　 给-NPST.1sg

　　　　"你回去时给吧"。

　　c.　tere　　　usu　　　 ab-ra　　　 yabu-jai.

　　　　他　　　 水　　　 拿-rA.ADVL　　 去-PST.

　　　　"他打水去了"。

根据传统语法的定义，副动词同时能够支配前后的句子成分。比如，在（2）a 中，副动词 sonos-"听"作为相当于副词的一种形式，支配其前充当宾语的格短语 ene učir-i "把这事"的同时，还修饰其后的谓语 medejei "知道了"。在（2）b 中 buča--hular "当回去时"支配其前的名词 čimayi "把你"的同时，还修饰其后的谓语 öggüye "给吧"。在（2）c 中 abura "为了拿"支配其前的名词 usu "水"的同时，还修饰其后的谓语 yabujai "走了"。其他副词化短语的情况也一样。

　　这种描述的不充分性不言自明。如果说，一个副动词可以充当另一个
动词的状语，具有副词的性质那还说得通。说它能支配宾语，又能修饰谓
语就说不通。语言里一般不会有具有副词性质的词支配宾语、状语等的情
况。因为无论动词支配的是什么，它都是动词短语的内部部分。当副词化
成分与它结合时，它不再是动词，而是一个副词化短语。因此我们在新的
框架内将上例中方括号内的副词化短语用树形图表示如下：

　（3）

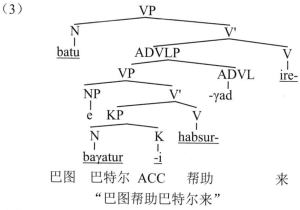

```
　　　　　　　　　　　　　VP
　　　　　　N　　　　　　　　　　V'
　　　　　batu　　　　ADVLP　　　　　　V
　　　　　　　　　VP　　　　　ADVL　　ire-
　　　　　　　NP　　　V'　　　-γad
　　　　　　　e　　KP　　V
　　　　　　　N　　K　habsur-
　　　　　　baγatur　-i
```

　　　巴图　巴特尔　ACC　帮助　　　　　来
　　　　　　“巴图帮助巴特尔来”

　　我们从上面的树形图中可以看到，动词 habsur-"帮助"其实是基础动
词短语（VP）的核心语。它在这里支配前面的宾格短语 baγatur-i "把巴特
尔"并构成带一个标杆的动词短语（V'）baγatur-i habsur-"帮助巴特尔"，
同时与前面的域外论元（即主语，这里的主语因与上一层主语 batu 相一致
而用空位 e 替代）合并构成了完整的动词短语(VP) e baγatur-i habsur-。当该
动词短语与副词化成分-γad 合并后构成了副词化短语（ADVLP）e baγatur-i
habsuruγad。这时该副词化短语作为整体（而不只是一个 habsuruγad）充当
动词 ire-的状语。（2）b、c 的形成过程与（2）a 一样。

　　蒙古语的副词化短语比较复杂。短语内部的每个成分相互结合，最后
构成一个大的语类后，有的副词化短语还可以像副词一样发生级的变化。
但是总的来说，副词化短语在很多方面还是跟一般的副词不一样。而且副
词化短语的种类也比较多，功能五花八门，结构层次关系复杂。这要求我
们对它们进行更细心的研究。

3.8.2.3　副词化短语的语类属性

　　副词化短语虽然具有一般副词的特征，但也不完全等同于我们所说的
一般副词。使副词化短语相似于副词的最大因素是它能充当一个句子的状
语。因而它可以与一个副词相提并论。但是副词可以修饰动词的同时，也
可以修饰形容词，副词化短语却不能修饰形容词。另外程度副词可以有级
的变化，但副词化短语一般没有这种特征。这些特性把它们相互区别开来

的同时，又使它们属于同一种语类。它们的语类特征正决定它们的句法功能。那么它们属于哪一种语类呢？

我们知道，语类划分与词类划分不同。语类划分属于生成语法，而词类划分属于传统语法。这两个术语的名字也不同。在生成句法框架内，我们用术语"语类"（category）替换传统语法的"词类"（parts of speech），以便能在更大范围内找出它们句法上的共同点和不同点（力提甫·托乎提2001，2004）。在传统语法里，蒙古语的词类一般划分为名词类、动词类和无变化词类（清格尔泰，1991）。名词类包括名词(N)、形容词(A)、数词(NUM)、量词(MEAS)、时位词（LOC）、代词(PRN)，动词类包括动词(V)，无变化词类包括副词(ADV)、摹拟词(ONO)、后置词(PST)、连接词(CONJ)、感情词(INTRJ)、语气词（M）、情态词（MOD）。在生成语法里语类可分为词汇语类(lexical categories)和功能语类(functional categories)两种。词汇语类可包括传统语法的实词类，从这个意义上来讲，副词属于词汇语类。而功能语类不但包括传统语法中的虚词类，而且也包括传统语法所说的构形成分，如复数附加成分（PL）、从属附加成分(POS)、格附加成分（K）、静词化成分（SUBS，即传统语法所谓的动名词、形动词、副动词附加成分）、时态和人称附加成分（T）等。这些语类都可以构成自己的短语（P，即phrase）。所以副词化成分属于功能语类。语类间可以有句法上的共同点。但这并不否定每个语类本身特有的一些特性，如蒙古语的名词可以接受形容词、数词、格短语等的修饰，还可以跟复数、从属、格附加成分等功能语类合并；形容词可以接受副词的修饰，本身还可以有级的变化；动词可以接受副词的修饰，可以支配宾语、状语等，本身还可以跟否定、语态、时态和人称附加成分以及静词化成分等功能语类合并，等等。这样，同属于一种大语类的子语类还可以具有自己特有的一些特点。

20世纪70年代，研究英语的生成语法学家们对不同语类间共有的一些特性感兴趣。他们根据这些共同点将不同语类归为更大的类。比如Radford对英语的每个语类的特征描述如下：

（4）	N	[+N, -V, -F]	PRN	[+N, -V, +F]
	A	[+N, +V, -F]	D	[+N, +V, +F]
	V	[-N, +V, -F]	AUX	[-N, +V, +F]
	P	[-N, -V, -F]	I	[-N, -V, +F]

这样，可将名词、形容词、动词和介词四种基本语类归纳为两个具有双重特征的类，即[±N]（名词性的/非名词性的）和[±V]（动词性的/非动词性的）（参见Radford, 1977）：

（5）　　　　名　词：[+N，−V]

　　　　　　动　词：[−N，+V]

　　　　　形容词：[+N，+V]

　　　　　介　词：[−N，−V]

或

	+N	−N
+V	形容词	动词
−V	名词	介词

这一归类说明，名词和形容词都具有共同名词性特征[+N]，形容词和动词都具有共同动词性特征[+V]。Jamal Ouhalla 也有同样的解释，并把这种解释称为 feature matrix（特征矩阵）[①]。那么，蒙古语的语类间是否有类似的共性？是否可以做到更大的归类呢？回答是肯定的，而且我们完全可以用英语的以上做法做到这一点。

蒙古语里动词类和静词类之间有明显的区别，而静词类内部却相互转移，不需要任何形态变化就可以从一个静词类变成另一个静词类。因此，如果我们暂时不考虑功能语类，对词汇类和短语类的划分只用[±N]（是否有名词特征）和[±V]（是否有动词特征）两个标准就可以归纳出以下三个类[②]：

（6）　　　　静词类　　　　　　　　　　　　动词类

[−V，+N]	[−V，−N]	[+V，−N]
名词类	非名词类	实义动词
名词	副词	系动词
形容词	副词化短语	构词轻动词
代词		体助动词
数词		轻动词短语
量词		否定短语
摹拟词		
名词化短语		
形容词化短语		

在这一大的归类里，蒙古语原来的 14 个语类变成了三个大类：一、具

---

① Jamal Ouhalla：*Introducing Transformational Grammar*，Edward Arnold publisher2001 年版，第 56 页。

② 力提甫·托乎提：《维吾尔名词性语类间的句法共性》，《民族语文》2010 年第 4 期。

有 [+V, –N] 特征的语类，即动词类，它有动词特征，没有名词特征。二、具有 [–V, +N] 特征的名词性语类，包括名词、形容词、代词、数词、量词、摹拟词、名词化短语、形容词化短语等，它们没有动词特征，而具有名词特征。三、具有 [-V, -N] 特征的语类，包括副词和副词化短语，它们既没有动词特征，又没有名词特征。虽然它们与以上的名词类一起同属于静词类，但它们不能与复数语缀、从属人称语缀、格语缀等合并。

3.8.2.4　副词化短语的结构

正如以上所述，副词化短语分为-jU/-čU 副词化短语、-GAd 副词化短语、-n 副词化短语、-bAl 副词化短语、-bAčU 副词化短语、-tAlA 副词化短语、-hUlAr 副词化短语、-rA 副词化短语、-mAnjin/-mAn 副词化短语、-mAGčA 副词化短语、-ŋGUtA/-ŋGAn 副词化短语、-GsAGAr 副词化短语等 12 种。其中，有的语缀使用历史比较长，使用范围也广，而有的语缀没有那么长的历史，但使用范围大。它们在句中有不同的意义和功能，下面用实例讲述它们的功能与结构特征。

（1）a. batu ene nom-i uŋšiba. "巴图读了这本书。"

　　　b. batu doɣdolba. "巴图激动了。"

　　　c. batu uhilaɣad ehilebe. "巴图哭起来了。"

上例（1）包括三个一般句子。虽然每一个句子的主语都是 batu "巴图"，但是谓语部分中传达了各种不同的信息。这些句子在自己的各自谓语部分有明确的时态，表达了完整的意义。如果把这些句子合并的话，会成为句子的行列。即称为 batu ene nom-i uŋšiba, batu doɣdolba, batu uhilaɣad ehilebe，一个连一个的连接。可以明显地看出这样的连接没有有机性，本要表达的逻辑意义却没能表达出来。那么怎么连接他们呢？我们首先把 a 句的主语保留，b、c 句子的主语删除，其次把 a、b 两个句子的动词短语 ene nom-i uŋši-和 dordol-的时态成分替换上副词化成分，c 句子的时态成分保留不变。这样连接后形成如下句子：

（2）batu ene nom-i uŋšiɣad,e doɣdoloɣad,e uhilaɣad ehilebe. "巴图读了这本书，激动地哭起来了。"

从这个例子可以知道，-ɣad 副词化成分表示并列关系，不仅可以连接支配和被支配关系的句子，还可以使句子中充当谓语的动词副词化，修饰动词短语或修饰另一个句子。上例中的副词化短语 "e ene nom-i uŋšiɣad" 和 "e doɣdoluɣad" 的形成过程用树形图表示如下：

（3）

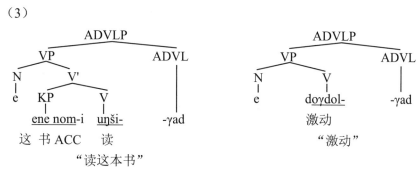

"读这本书"　　　　　　　　　　　"激动"

从上图可以知道，副词化短语 ADVLP 是在动词短语基础上形成的。因此它的功能像一个一般的副词，没有一个完整的时态短语 TP（tense phrase，即一个合乎语法的一般句子）的结构。例（2）中的前提副词化短语的主语跟主句的主语一样。所以它的位置必须是空的（用 e 来表达这个空位）。它们的结构用树形图表示如下：

（4）

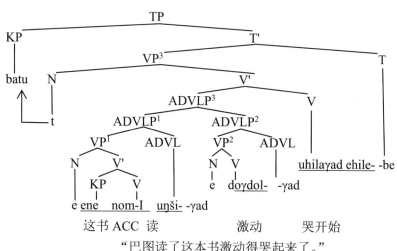

"巴图读了这本书激动得哭起来了。"

从上图可以知道，图（4）中的，VP³ 的指示语（Specifier）位置上的 N 为了获得主格而移到了 TP 节点下的指示语位置。那么，ADVLP¹ 和 ADVLP² 的主语要不要主格呢？我们看到的是，图中的几个副词化短语共享一个主语，副词化短语内部 VP 的主语位置均出现空位 e。因为这个空位只能解释为主句 TP 的主语（即，被他控制）。所以它们应该也是以主格格变，只不过形式上不显示罢了。当 VP 与副词化成分合并时，原来空位置上的名词因明显的主格形式而必须移到 VP³ 的指示语位置，原位则留空或留自己的遗迹。

例（4）中的副词化短语内部的 VP 全部共享一个主语，即主语控制所有空位。我们对此稍做调整也可以得出同样的结论。例如（4'）：

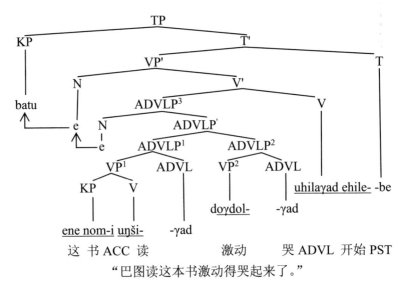

这 书 ACC 读　　　激动　　哭 ADVL 开始 PST
"巴图读这本书激动得哭起来了。"

图（4'）其实是例（4）的另一种解释。从图可以知道，ADVLP^1 和 ADVLP^2 相结合形成更大的副词化短语 ADVLP'。ADVLP'与名词合并形成 ADVLP^3。该名词支配着 ADVLP^1 和 ADVLP^2 里的动词短语。ADVLP^3 与动词短语合并时，该名词移到 T 节点下 VP 的指示语位置，最后与时态结合时移到 TP 的指示语位置从而获得主格。

蒙古语里，这种副词化短语共享一个主语的现象较普遍。上面所述的例子属这种情况，有些副词化短语是有各自独立的主语。例如：

（5）a. salhin hödelbe. "起风了。"

　　 b. toɣosu degdele. "灰尘扬起了。"

　　 c. tegri haraŋɣui bolba. "天黑了。"

这三个例子都有各自的主语，单独形成合乎语法的句子。因此它们即使是要副词化也不能省略其主语，主语位置上也不能出现空位。即

（6）salhin hödelüged, toɣosu degdeged, tegri haraŋɣui bolba. "起风，扬起灰尘，天黑了。"

虽然它们都有自己的主语，但是除了最后一个短语 "tegri haraŋɣui bolba" 以外都没有时态成分。只有最后一个短语中出现了时态。即，例（6）中的 "salhin" 和 "toɣosu" 都不是时态短语的主语，是动词短语的主语，所以没有主格。因为没有与 T 合并它的主语没有必要核查，只有最后的短语 "tegri haraŋɣui bol-" 与 T 结合，因此有资格拥有主格。我们用树形图表示它的结构如下：

（7）

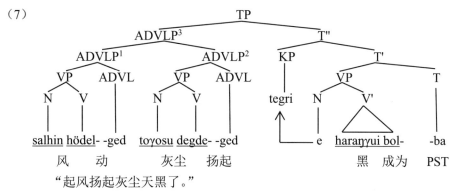

"起风扬起灰尘天黑了。"

　　从图可以知道，每一个副词化短语内部的 VP 都有自己的主语。所以这些短语的主语位置不会像例（4）似的出现空位 e，而且主句 TP 的主语"tegri"也没有必要控制它们。因此除了主句的主语以外的其他短语结构内部的主语均不用带主格。

　　一个副词化短语不管自己有没有独立的主语，它的作用在于修饰其主句的动词或整个句子。不管修饰哪个，它都不是被修饰成分的必有成分，所以把它看作是附加语（adjunct）。理论上来说这种附加语数量可无限量增加。但是为了便于解释在这里把它们的数量限制为两个。例如句子 batu ene nom-i uŋšiɣad，e doɣdoloɣad，e uhilaba，它的主句是 batu uhilaba，batu ene nom-i uŋši-和 e doɣdol-分别是在巴图哭之前的发生的两种行为动作。因为他们共享一个主语，后面的主语位置可以是空位。为了表示它们前后顺序关系，蒙古语中一般以 batu ene nom-i uŋšiɣad，e doɣdoloɣad 副词化形式连接的。它们对于主句"batu uhilaba"来说不是很重要的，只是一种附加解释而已。不管它们出现与否，主句都会成立。那么 batu ene nom-i uŋšiɣad 和 e doɣdoloɣad 两个副词化短语的内部关系如何？前面的修饰后面的？在我们看来应该会是那样的。但是前面的不是后面的必有成分，从图（4'）可以看出，所有副词化短语共享一个主语，即"batu"是它们的主语，这些副词化短语中的空位是由它控制的。这个解释不仅适合于前提式副词化短语，也适合于别的副词化短语，但是在树形图中做相应的调整。

　　前提式副词化短语是蒙古语比较复杂的现象之一，这里需要说明的是：

　　第一，上面我们解释前提式副词化短语与另一个主要动词或句子之间的关系时，被前提式副词化短语修饰的动词本身静词化的可能性没能提到，即上面的例子可能会 batu örlöge bosuɣad，budaɣaban ideged，suraɣaɣuli daɣan yabuhu bar……、batu örlöge bosuɣad，budaɣaban ideged，suraɣaɣuli daɣan yabumaɣča……、batu örlöge bosuɣad，budaɣaban ideged，suraɣaɣuli daɣan yabubal……等变成复杂的静词化形式是没人可以阻挡的，但是它们怎么变

化，变成多么复杂，它们的关系都可以按上述框架解决。

第二，前提式副词化成分与助动词合并时，只有连接功能没有副词化作用。

第三，认为以副词化成分连接的复合动词是词汇的一个整体，而不能把他们分开来探讨。这类动词有 očiγad ire，oroγad γar，hogeged ög 等，它们合为一体的原因是语义上除了表达一个完整的词汇意义以外，单独使用它们时所需的各种格附加成分在合并后只能用其中一个格附加成分。例如：oro-需要向位格和凭借格，γar 需要从比格和向位格，但是它们合并后形成的复合动词 oroγad γar 只需一种格附加成分，即只需前一个动词 oro-所需的格附加成分。例如 ger-tü oroγad γar、ger-ijer oroγad γar 等短语中的助动词不能直接连接在动词词根后面，必须得用副词化成分连接。但是体助动词与前面动词的连接关系密切，因为中间出现的副词化成分不是隔离作用的静词化成分，而是连接两个的转折成分了。因此可把它归纳为助动词（auxiliary）的范围内。ehile-，gar-，ab-等是比较常用的，体意义相对稳定的助动词（AUX）。它们与副词化成分一起缀加在核心动词词根后面表示体意义时可直接在 AUX 的节点下用括号里注释即可。即完成体[PERF]，延续体[CONL]等。例如 batuene nom-i uŋšiγad，e doγdoloγad，euhilaγad ehilejei 在这个句子中，副词化成分连接了核心动词 uhila-与体助动词 ehile-。它们的关系用树形图表示如下：

（8）

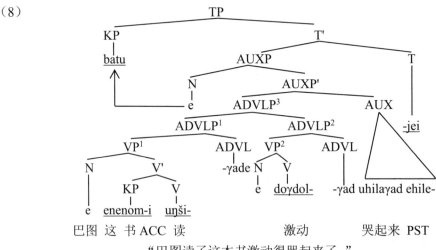

巴图 这 书 ACC 读　　　　　　　激动　　　哭起来 PST
"巴图读了这本书激动得哭起来了。"

从图中可以看出，虽然动词 uhila-后面缀加了副词化成分形成了副词化短语，但是这个副词化短语与助动词合并形成的复合动词 uhilaγad ehile-可被视为一个词。如图：

（8'）

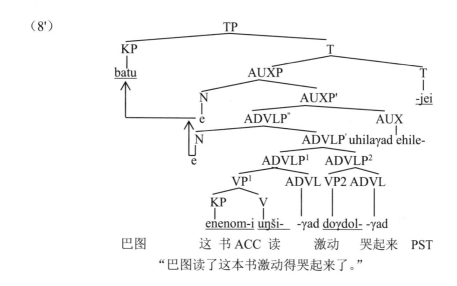

"巴图读了这本书激动得哭起来了。"

一般情况下，前提式副词化短语不能结束句子，但是在口语中我们有时候会听到没有时态的句子 。如：

（9）a. či yaɣu hiju baihubui? "你在做什么呢？"

b. o，bi nom üjeged. "嗯，我在看书"

上面的 b 句是以副词化形式出现的，又是跟一个句子一样。按蒙古语句法规则，一个完整的复合语法的句子应该必须有时态成分 T，要是没有时态成分认为它是短语。所以我们认为在上句时态成分省略，可以把它的时态成分恢复为 nom üjejü baina 等。它们的结构用树形图表示如下：

（10）

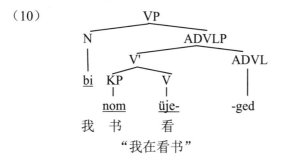

"我在看书"

图（10）中，动词短语节点下只有一个副词化短语，动词短语的必有成分动词和时态成分没有出现。即副词化短语成了句子的谓语。这种情况在书面语中从没有遇见过，但是口语中可以出现。一个完整的时态短语中与 ADVLP 并肩的 V 的下面有时候副词化短语可以重复使用，表示反复体意义。例如：

（11）heleged heleged medehü ügei. "说了又说还是不知道。"

例（11）中，两次重复使用副词化短语。我们把它视为一个整体，也可以视为从两个短语合并形成的更大的一个短语，技术上处理一下即可。但是不管怎么处理，它的副词化短语的性质是不会变的。

3.9　语气词短语

语气词短语是指由语气词与其他语类或短语合并形成的短语，即在短语结构中语气词置于核心词位置，支配其补足语或附加语。

3.9.1　语气词的定义

用来给整个句子或句中的某个词或词组赋予各种不同语气的虚词称为语气助词，语类标签为 MP（来自英语 mood particle "语气助词"的前一个字母）。如蒙古语的 uu、bui、üü、yum、yumbui、ba，等等。

3.9.2　语气词的分类

语气词按其意义和用法可分为：疑问语气词，肯定语气词，否定语气词，回忆语气词，推测语气词，转达语气词，责备、惊叹语气词，强调语气词、让步语气词，呼唤或感叹语气词等。具体如下；（1）疑问语气词有 uu、bui、geji üü、bišiü、bije、ba、yum、yumbui 等。（2）肯定语气词有 yum、šiu/šiü、da/de、šide、mön、bulai、buyu、gem、aji、tai/tei 等。（3）否定语气词有 büü、bitegei、ügei、edüi、ülü、ese、biši、busu 等。（4）回忆语气词有 bile。（5）推量语气词有 bije、bijede、baih-a、bii、ba 等。（6）转述语气词 gene。（7）不耐烦、责备、惊叹语气词有 gehül-e、gedegčini、geji e、gedeg ni 等。（8）强调语气词 la、hü 等。（9）让步、叠用语气词 ču/čü、ya、ču ged/čü ged、ču gesen/čü gesen 等。（10）呼唤或感叹语气词有 a/e。

3.9.3　语气短语及其结构特征

语气是句子的基本特性之一，是一个句子必不可少的因素。然而在阿尔泰语言中，句子谓语部分出现的语气（式）一般都与时态成分合为一体，难以单独拿出来分析。当然，这并不会妨碍我们把语气作为一个独立的语言现象来探讨。这里我们主要探讨由各种语气助词构成的语气短语。语气助词在信息结构中的作用很突出，除焦点化、话题化、移位等手段以及特殊词的运用外，语气助词本身在言语中的出现就会突出某种信息的传达①。

语气助词的一个特点就是，它们可以加在单词词干上，也可以加在词组或句子末尾。不管是哪一种情况，都可构成自己的语气短语（MPP）。如加单词词干上的例子有 bi čü "只有我"、tere le "只有他"、eji le "妈妈"等，也可与语气词短语、形容词化短语、时态短语或名词、形容词短语或否定短语合并构成自己的短语，tere mön üü "是他吗"、batu medehü üü "巴图知道吗"、tere marγaši irene üü "他明天来吗"、tere suruγči mön "他是学生"、ene hereg sonin da "这事奇怪呀"、bi hoγola ban idejüamjiγa ügei šiü "我还没有来得及吃饭呢"等，用树形图表示它们的形成过程及其句法结构特征如下：

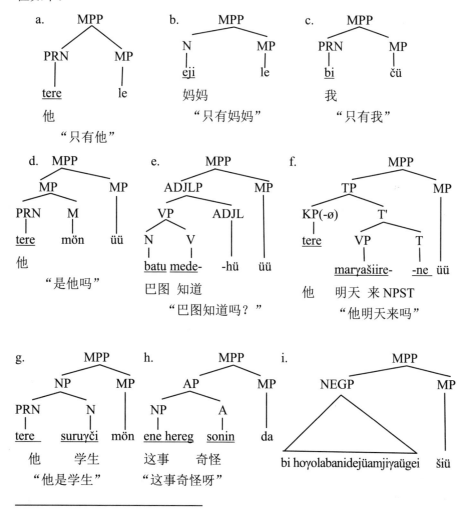

① 力提甫·托乎提：《最简方案——阿尔泰语言的句法结构》，中央民族大学出版社 2017 年版，第 286 页。

　　这里需要说明的是，我们为了突出语气词短语的行程过程及其句法结构特征而忽略了语气短语结构中出现的复杂的其他短语的行成过程，如图 i 是由较复杂的否定短语形成的，这里没有用树形图表示否定短语的形成过程。否定短语的形成过程及其句法结构与我们描过的否定短语树形图一样，因此在这里省略了它的过程。

　　当然，作为一个句子的重要标志，语气助词更多地出现在一个句子末尾，使原来的语气发生变化。如下列句子 bide baɣatur tai hamtu toɣoriɣsan 是陈述句，它的结构用树形图表示如下：

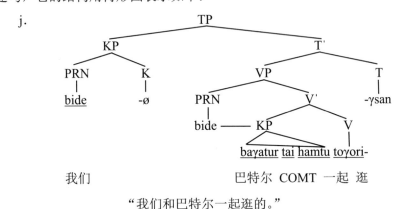

"我们和巴特尔一起逛的。"

　　从以上的语气词短语的句法结构特征描述的树形图可以看出语气词语类可以与名词语类或名词短语、语气词短语、形容词化短语合并形成语气词短语。

3.10　其他短语

　　这里探讨的其他短语包括由功能语类复数语缀形成的复数短语和领属语缀形成的领属短语，由于这两类功能语类的特殊性我们在这里放一起讨论。

3.10.1　复数短语

　　复数短语是由功能语类复数语缀在短语结构当中充当核心词，支配其他词而形成的短语。

3.10.1.1　复数的定义

　　按照清格尔泰先生解释名词的数是主要说明名词是一个，还是两个以上。前者叫单数，后者叫复数。在蒙古语里表示名词数量的方式有若干种：用附加成分（助词），如 suruɣčid "学生们"、baɣši nar "老师们"、hümüs "人们"、malčid "牧民们";用词的重叠,如 ger ger "家家";用代词,如 hedün edür "几天";用数词 tabun hušiɣu mal "五种牲畜"、olan hümün "很多的人";也可根据句中前后词的情况得知, 如 hašiy-adügüreŋmal "满圈的羊（一定是多数）"、ta sonosčaɣa "你们"诸如此类。但是这许多方式中, 只有第一种, 或者再加上第二种, 才是语法上的名词的数, 是通过名词的语法变化表现出来的数,其他则是用词汇手段,或通过句法的前后关系表现的,不是名词本身语法上的数①。这里只探讨第一种语法形式出现的名词复数。复数的语类标签为 PL（来自英语 plural "复数"的前两个字母）,复数短语的标签为 PLP（来自英语 plural phrase）。

3.10.1.2　复数语缀的分类

蒙古语里常用的复数语缀有:（1）nuɣud nügüd,如 širege nügüd "很多桌子"、čilaru nuɣud "石头们"、üilcdbüri nügüd "工厂们";（2）Ud,如 bičig üüd "书籍"、ail uud "很多村庄"、yabudal uud "事情";（3）nAr,如 baɣši nar "老师们"、emči ner "医生们"、naiji nar "朋友们";（4）-čUd,如 bayačud "富人们"、emegteičüd "妇女们"、nasutaičüd "老人们";（5）-d,如 malčid "牧民们"、tüšimed "大臣们"、tariyačid "农民们";（6）-s,如 hümüs "人们"、üges "话语"、aɣulas "山峦"等。

3.10.1.3　复数短语及其结构特征

以上列举的复数语缀与其他语类或短语合并后可形成自己的复数短语。如 öndör öndör aɣulas "高高的山峦"、yehe surɣaɣuli yin baɣši nar "大学的老师们"、šiidürilege ügei yabudal uud "还没解决的事情"、šidurɣu tüšimed "忠诚的大臣们"、durasun sanadaɣ naiji nar "经常想念的朋友们"、uŋšiɣsan nomuud "未读的书籍"等,用树形图表示它们的形成过程及其句法结构特征如下:

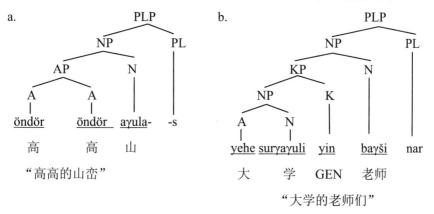

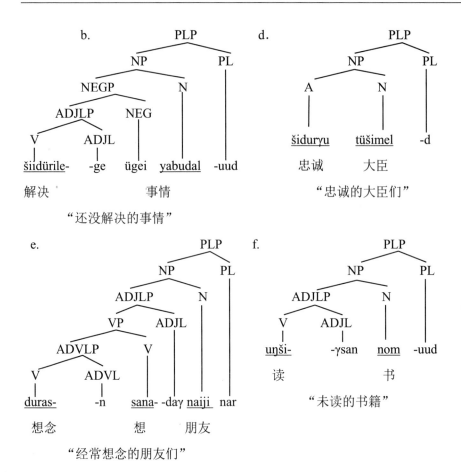

从以上图中可以看出复数功能语类可以与名词语类或名词短语合并形成复数短语。

3.10.2 领属短语

领属短语是由功能语类领属语缀在短语结构当中充当核心词，支配其他词而形成的短语。

3.10.2.1 领属的定义

领属是指一个事物属于谁，在蒙古语里常常在一个名词下边接加某种附加成分来说明该名词所表达的事物是属于谁的。这种附加成分叫领属附加成分。它的语类标签为 POS（来自英语 possessee "领属" 的前三个字母）。

3.10.2.2 领属的分类

领属功能语类按其意义和用法可分为：人称领属和反身领属，人称领属成分有第一人称的 mini "我的"、第二人称的 čini "你的"、第三人称的

ni "他的"；反身领属成分有-bAn/-iyAn "把自己的"。反身领属的语类标签
为 RPOS（来自英语 reflexive-possessive "反身领属" 的压缩），例如 aha mini
"我的哥哥"、eji čini "你的妈妈"、abu ni "他（她）的爸爸"、eji ben "把
自己的妈妈"、ger iyen "把自己的家" 等。

3.10.2.3　领属短语及其结构特征

领属短语是由短语结构中领属语类处核心词位置而支配其他语类词或
短语所形成的短语。领属功能语类在短语结构中一般起附加语的功能，所
以它很少充当核心词而构成自己的短语。例如，aha mini "我的哥哥"、eji
čini "你的妈妈"、abu ni "他（她）的爸爸"、eji ben "把自己的妈妈"、ger
iyen "把自己的家"、tere öber –iyen "他自己"、tegün –ü eji ni "他妈妈把自
己"、ene čini "这个"、ajil du mini "给（我）工作"、aha ača čini "从你哥
哥" 等，用树形图表示它们的形成过程及其句法结构特征如下：

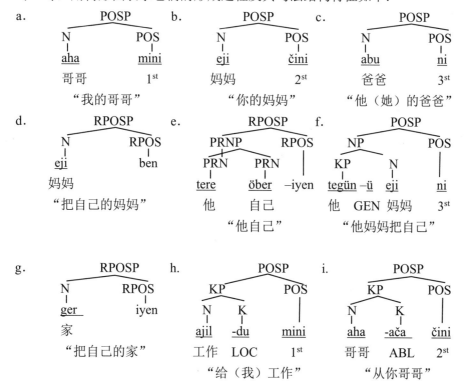

从以上的领属短语的句法结构特征描述的树形图可以看出领属功能
语类可以与名词语类或名词短语、格短语、代词或代词短语合并形成领属
短语。

第四章 余 论

近些年来，语言形式化研究在整个自然语言处理研究领域中越来越受到重视。然而，蒙古语句法形式化研究，尤其是短语形式化工作的缺乏，使蒙古文信息处理工作，包括句子处理阶段的工作进程变得较缓慢。生成句法框架内的蒙古语动词及其句法研究和蒙古语形容词化短语、轻动词短语和否定短语的研究成果，为这种空白提供了许多有价值的参考信息。

短语结构规则，亦称为改写规则。短语是由词和词按照一定的语义搭配关系和语法结构规则组合在一起而形成的。我们在研究句法结构方面所采取的方法有：

一、按照生成句法框架，注重分析各语类的相互合并、移位、删除等关系，把合并形成的任何一个结构（包括传统上所说的句子）都看成一种短语结构来对待。比如拿句子 nara dorona -ača manduna "太阳从东方升起"来讲，它的构成经过了4次合并和1次移位。如第一步：名词（N）dorona "东方"与从比格（K）-ača 合并构成格短语（KP）dorona -ača "从东方"。如：

（1）

第二步：动词（V）mandu-"升起"与格短语（KP）dorona -ača "从东方"合并，构成了带一个标杆的动词（V'）dorona -ača mandu- "从东方升起"。如：

（2）

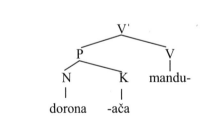

第三步：该一个标杆动词（V'）与名词（N）nara "太阳"合并构成了一个动词短语（VP）nara dorona -ača mandu- "太阳从东方升起"。如：

（3）

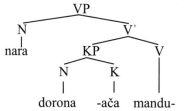

第四步：该动词短语（VP）与以非过去时-na 为核心的时态成分合并形成时态短语（TP），同时处在 VP 指示语（主语）位置上的 nara 为了得到主格，移到 TP 的指示语（主语）位置上，最后就形成了一个时态短语（TP，即我们通常所说的句子）nara dorona -ača manduna "太阳从东方升起"。如：

（4）

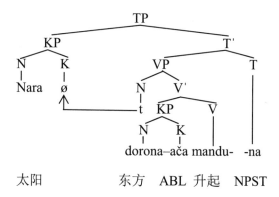

太阳　　　　　　　东方　ABL　升起　NPST

二、在本研究中，按照最简方案框架的短语规则，区别对待每一层短语的必有成分和可有可无成分。比如在以上的 nara dorona -ača manduna 这一时态短语里名词 nara 是从格-ača 的必有成分；格短语 dorona -ača 是动词 mandu-的必有成分；名词 nara 是带一个标杆的动词 dorona –ača mandu-的必有成分；动词短语 nara dorona –ača mandu-是非过去是成分-na 的必有成分。因此，在这一短语里每一个成分在它参与的那个短语层面都是必有成分。

三、本研究按照生成句法框架，把句子的必有成分分为核心语（head）、补足语（complement）、指示语（specifier）三种，而把可有可无成分都看成附加语（adjunct）。那么树状图中的核心语、补足语、指示语和附加语都有很明确的表示法：生成句法遵守严格的二合法，即一次只合并两个成分。因此，当 X 和 Y 合并时，其中之一肯定是核心语，另一个是补足语（也有可能是附加语，但这个问题下面再讲）。如果 X 是核心语，Y 就是补足语，所构成的短语就被叫作 X 短语（即 XP），在树形图中表示如下：（5）

如果 Y 是核心语，X 就是补足语，所构成的短语就被叫作 Y 短语(即 YP)，在树形图中表示如下：（6）

那么从指示语的性质来讲，它一般都相当于传统语法里的主语或带有标志性的定语。在生成语法里它既不是核心语，也不是补足语，但却是一个短语的必有成分。如我们再反过来看看以上句子里的指示语 nara"太阳"，它是动词 mandu-"升起"的施事论元，句中不可缺少。但我们也看到，它在短语里一般都与一个带标杆的过渡性语类（V'或 T'）平行出现。这就是它的特点。它在树状图中表示如下：
（7）

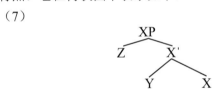

这里与 X'平行出现的 Z 就是指示语。至于附加语，它指的是表示时间、地点、方式方法等附加信息的成分，这些成分对于一个核心语来讲可有可无，因此被称为附加语。它在一个短语中的出现与否并不会影响树形图中任何节点上的符号的变化。如我们假设在下列的公式（8）中 W 是个附加语，它与 X'合并后所构成的结果仍然是 X'：
（8）

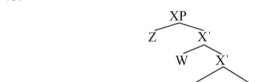

它与其他短语合并的结果是一样的，如我们现在假设它与 XP 合并，其

结果仍然是 XP。如：

（9）

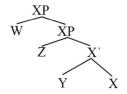

现在让我们把这一公式应用到以上所举的例句（即时态短语）nara
dorona -ača manduna "太阳从东方升起"。上面我们已经提到这一句的每一
个层面都是必有成分的合并，没有附加语。如果我们让表示时间的副词
hejiyede "总是、永远"与带一个标杆的过渡性动词短语 V'合并，其结果仍
然是 V'。如：

（10）

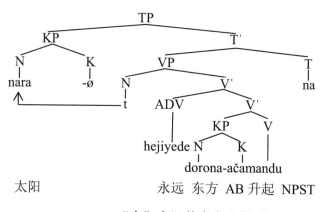

"太阳永远从东方升起。"

四、在本研究中按照生成句法框架，把功能语类看成最重要的句法单
位，即把他们看成各自能构成自己短语的功能类。也就是说，他们在自己
的短语结构里起核心语的作用。如以上句子中从比格-ača 作为核心语与其
补足语名词 dorona "东方"合并，构成了格短语 dorona-ača "从东方"；作
为核心语的非过去时成分-na "非过去时"与其补足语动词短语 nara dorona –
ača mandu- "太阳从东方升起"合并，构成了时态短语（即句子）nara dorona –
ača manduna "太阳从东方升起"。

五、在本研究中按照生成句法框架，采用国际上较通用的语类符号（即
缩写名称）和倒立的树形图，把每一个细节揭示得一清二楚。我们已经或
正在熟悉这些符号和公式，因此在这里不必太多的解释。蒙古语的语类分

类、词汇语类短语、格短语、形容词化短语、副词化短语、轻动词短语和否定短语的句法结构特征的形式化分析和用树形图描述是本研究的主要创新点、突出特色和主要建树。

第一章 绪论，主要讲述了本文的研究对象、研究目的、研究意义、研究方法并介绍了相关研究动态。

第二章 主要探讨了由词汇语类形成的词汇语类短语及其结构。即名词短语、动词短语、形容词短语、数词短语、情态词短语、代词短语、摹拟词短语和词汇语类中有量词类，这里没有把它分别讨论，因为蒙古语的量词一般与数词一起形成数量结构，即形成数量短语。这些词汇语类短语的形成过程及其句法结构特征用树形图表示如下：

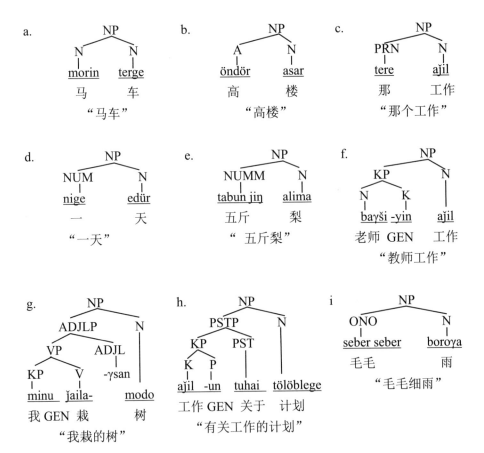

应该指出，在以上介绍的各类名词短语里，虽然名词具有核心地位，但其修饰或限定成分没有一个是必有成分，即它们的出现并不是与名词的句法需求有关，它们只是给名词作了附加性说明，因此它们是附加语。在

严格的 X 标杆理论中，它们与名词合并后的结果不是 NP，而仍然是 N。显然，我们在这里用了宽式标注法。

正如以上所述，名词可以接受相应语类（词汇语类和功能语类）的修饰。名词同时被两个或更多成分修饰或限定的现象也较普遍，这样所组成的结构叫作复杂的名词短语。如：uraɣdaju nabtaraɣsan hančui tai nige maɣu haɣučin arasun dahu "袖子破烂的旧的一件破大衣"。它的形成过程及其结构特征用树形图表示如下：

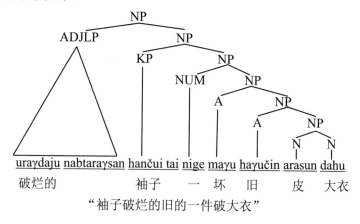

"袖子破烂的旧的一件破大衣"

名词短语不管有多长、有多么复杂，在句子中就像一个名词一样充当复数语缀、领属语缀、格语缀、后置词、系动词等功能成分的补足语，参与相应的词或短语又可构成新的名词短语。

蒙古语中动词一般情况下是一个短语（或句子）的核心。动词对自己的各种论元的依赖性决定了动词短语的复杂性。另外，在实际语言当中蒙古语的动词短语要么必须与静词化语缀合并，以静词化短语的形式出现；要么必须与时态语缀合并，以时态短语（即句子）的形式出现。第三种可能性，即纯粹是以动词短语的形式出现的可能性几乎没有（对第二人称一般命令式除外）。例如：

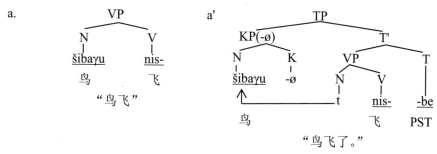

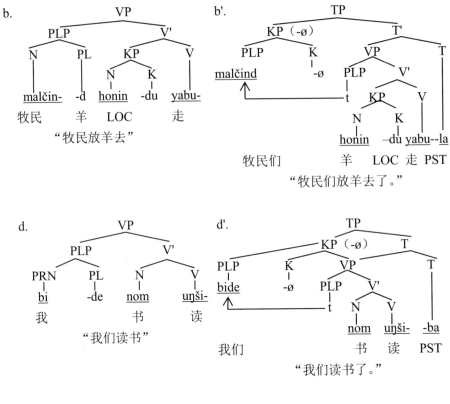

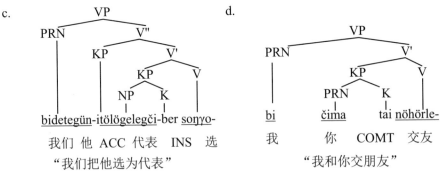

　　蒙古语有一种特殊的动词，这一类动词不要求出现任何有带格标志的名词短语或名词类做它的补足语，即这种动词单独就能构成一个充足句。这类动词包括由名词派生的表示气候、季节变化等自然现象的一些动词，如：haburši-"入春"、namurši-"入秋"、judla-"发生（风雪）灾害"、γaŋda-"干旱"等。这类动词也可以和表示地点或时间的一些词搭配构成更大的动词短语，但是这些词不改变此类动词不要求补足语的性质，即那些表示时间、地点或程度的词不是它的补足语，而是它的附加语。如 ene jil erte haburšiba "今年入春早"、 ebul judlaba "冬天发生了风雪灾害" 等。由于蒙古语里 haburši-la "入春了"、namurši-ba "入秋了" 等表示自然变化的特殊动词的主语和谓语合为一体，我们称其为自足动词。这类动词构成的动词短语的结构如下：

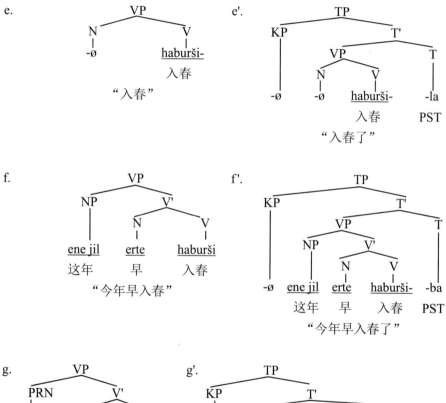

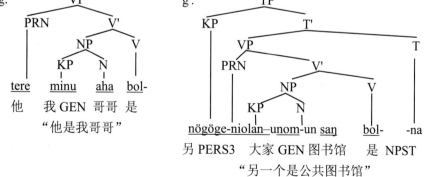

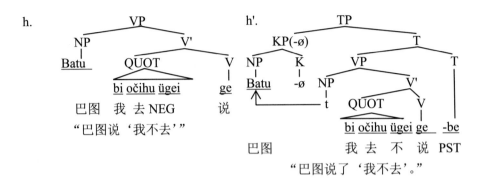

从以上的动词短语的句法结构特征所描述的树形图中可以看出，动词语类可以与名词语类或名词短语、格短语、形容词短语、数量结构、形容词化短语、副词化短语等合并形成动词短语。

动词短语按语义和功能还可细分为好多种类的动词短语，这里由于时间关系只解析了几类，对这些我们将在今后的研究过程中进行更加深入、更加细化的研究。

形容词充当修饰语的功能较多，但有级形容词可接受程度副词的修饰，构成形容词短语。

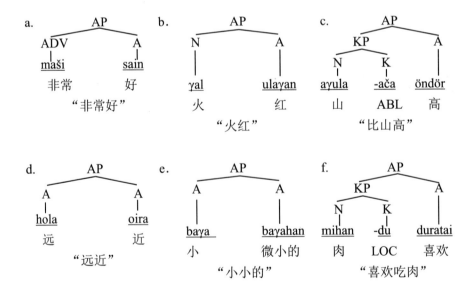

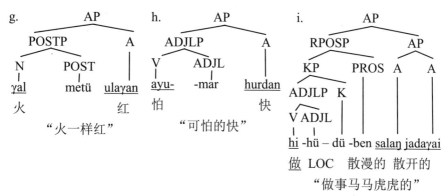

从以上的形容词短语的句法结构特征所描述的树形图可以看出，形容词语类可以与副词语类、名词语类、名词短语、格短语、形容词化短语、后置词短语等词汇语类和短语类合并形成形容词短语。

形容词短语一般像一个形容词一样，在句中可以修饰其他名词类，充当它们的扩展成分。当然，形容词短语作为名词类，充当复数语缀、从属语缀、格语缀、系动词等功能成分的补足语的现象也比较普遍。

不是蒙古语的所有情态词都能够形成自己的短语的，而只有能够充当短语的核心词的情态词才有资格构成自己的情态短语。这类情态词有 maɣad ügei "不一定"、heregtei "需要"、yosotai "应当"、mayiɣtai "好像"、"saɣad ügei "不一定"、damjiɣ ügei "无疑、肯定"、medegeji-yin hereg "众所周知"等。例如：jarim ni yabuhu ügei maɣad ügei "有的不一定不走"、tere hümün yabuhu ni labtai. "那个人一定走"、tere čini medegeji yin hereg "那是明摆的事"、ajil-un egürge –ben güičedgehü heregtei "工作任务应当完成。"、terečini yariyan ügei "那是当然的"、ene daɣuu baruɣ moŋol nutuɣ tu iŋgijü delgeregsen bololtai "这首歌可能就这样流传于蒙古地区"。这些短语结构中情态词位于核心词位置，支配该短语结构中的补足语或附加语，形成自己的短语。用树形图揭示这些情态词短语的形成过程及其结构特征如下：

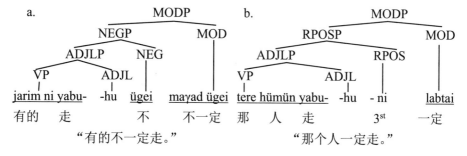

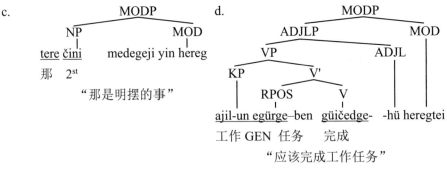

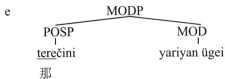

e

```
              MODP
      POSP              MOD
    terečini         yariyan ügei
      那
```

"那是当然的"

从以上的情态词短语的句法结构特征所描述的树形图可以看出，情态词语类可以与名词语类或名词短语、形容词化短语、否定短语、后置词短语等合并形成情态词短语。

有些代词在短语结构中充当核心词，支配补足语或附加语，这时可称为代词短语。比如：minu ende"我这里"、tan-u tende"你们那里"、hamtu neite"集体"、dayaɣar olan"大家"、ɣaraɣ -un hedün"星期几"、hočoruɣsan hedü"迟到的几个"、hejiy-e hamiɣ-a"什么时候在哪里"、hariɣsan ni hen"回去的是谁"、maɣu či"坏坏的你"、hoyar ondoo"俩不一样"、doorahi hedü"下面的几个"等，用树形图揭示这些代词短语的形成过程以及它们的句法结构特点如下：

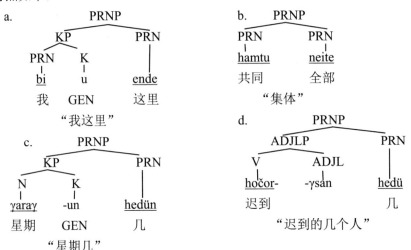

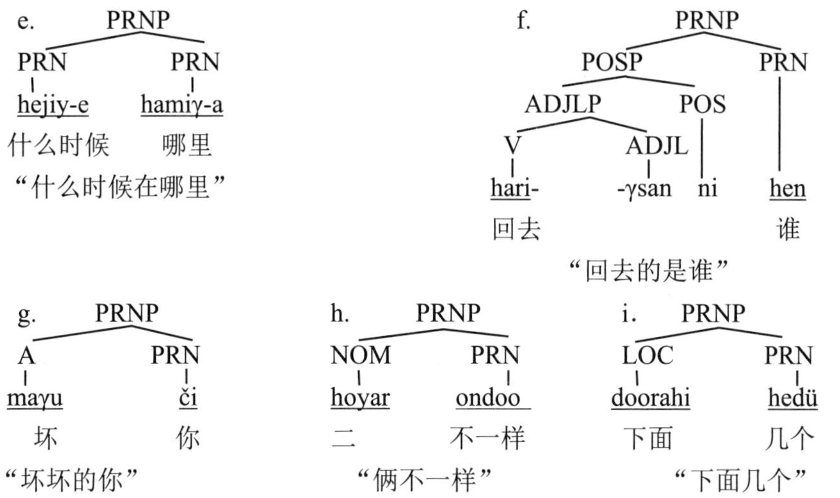

以上例 tan-u tende“你们那里”与 minu ende“我这里”和 dayaγar olan“大家”与 hamtu neite“集体”短语的结构是一样的，所以在这里省略了它们的树形图。从以上的树形图可以看出代词语类可以与格短语、代词语类、形容词化短语、后置词短语、形容词语类、数词语类和时位词语类等词汇语类和短语合并形成代词短语。

摹拟词很少能够形成摹拟词短语，但有时也能构成摹拟词短语。所以在这里专门设立了摹拟词短语。例如 γalaγu šibaγu γaŋγar γoŋγor“雁鸟硐硐啾啾”、ulaγan tuγ dalbas dalbas“红旗飘飘”、habur -un salhi ser ser“春风飕飕”等。用树形图表示它们的形成过程及其结构特征如下：

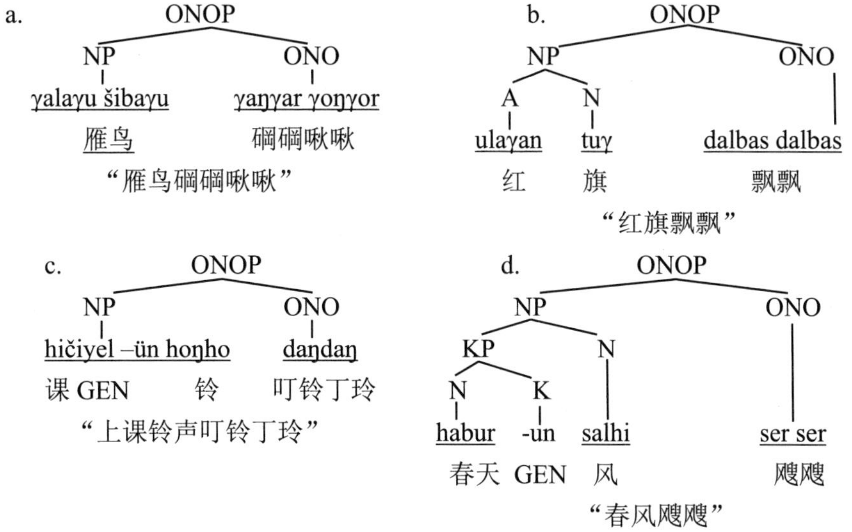

摹拟词的主要功能在于短语结构当中充当附加语，很少有能够充当核

心词形成自己的摹拟词短语。从以上的摹拟词短语句法结构特征的树形图可以看出，有些摹拟词可与名词语类或名词短语合并形成摹拟词短语。

不是所有的时位词都能够形成自己的时位词短语。按短语结构规则，在短语结构中只有核心词是时位词的情况下才能构成时位词短语。例如：hašiyan dotor-a "院子里"、ail-un baraɣuntai "村西"、haɣas jil-un dotor-a "半年之内"、nara ɣarhu tai sačaɣu "日出之时"、ɣajar door-a "地下边"、hota-yin dotoɣur "市内"、iregsen ü daraɣa "来了之后"、egüden –ü deger-e "门上"、yabuɣsan-u hoin-a "走了之后"、hudduɣ-un oiralčaɣ-a "井附近"、ündüsüten-ü hoɣorondu "民族之间"、očihu-yin jaɣur-a "去的那瞬间"等，用树形图揭示它们的形成过程及其结构特征如下：

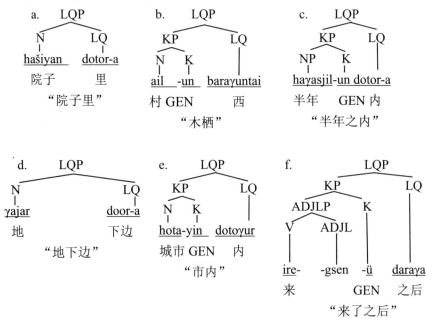

从以上的时位词短语的句法结构特征描述的树形图可以看出，时位词语类可以与名词语类或名词短语、格短语等词汇语类和短语合并形成时位词短语。

第三章 重点探讨了功能语类短语及其结构，即由自由功能语类构成的格短语、后置词短语、副词短语、语气词短语、否定短语和由黏着功能语类构成的轻动词短语、时态短语、静词化短语。对格短语、后置词短语、轻动词短语、否定短语、形容词化短语和副词化短语的研究是本研究的重点，也是亮点。

蒙古语格语缀作为一种功能语类，它不仅可以与单一名词类合并，还能与所有名词性质的短语合并。任何一个格与名词类合并构成的结构里，格是核心，处于支配的位置，与它合并的名词成分是必有成分、处于被支配的位置。因此，格语缀能够构成自己的短语是理所当然的。几类格短语的形成过程及其句法结构特征用树形图表示如下：

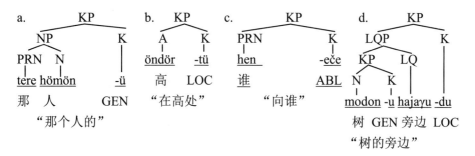

从上图我们可以知道蒙古语格短语种类及其句法层次关系。需要指出的是，这是生成语法框架内的形式化的定义。在这里我们简单描述了各类格短语所表达的语法意义。这个问题在传统语法和结构主义语法里研究得已经很深入了，在此我们用生成语法理论阐明有关格和格短语的几个问题。

1. 格的跨语类特点

上面我们按照有没有 ±N 或 ±V 特点为标准，分类名词、形容词、副词和动词等跨语类。我们还用同样的标准分为格短语类。因为我们很容易知道在具体的语言环境中一个格短语经常成为与另一个格附加成分结合的基础。例如：aha-yin-du，ger –tü -eče 等。这是因为格合并的对象有名词类性质，格附加成分本身就有+N 特点。因此，由它们形成的格短语后面可以缀加其他格附加成分。正因为有这个特点，蒙古语领属格、向位格、和同格有+N 特点，而凭借格、从比格、宾格有-N 性质。

2. 并列格短语问题

蒙古语里有几种格短语并列出现，可构成并列结构。例如 aha-du、degüü-dü、egeči-dü，ajilčin -ača　tariyačin -ača　segegeten -eče 等。从上面的并列格短语结构中可以知道，不管有几个并列短语，功能语类格语缀总是一致的。

3. 语法格与语义格的关系

蒙古语语法格是看得见的实际存在，而美国语言学家 Fillmore 于 1968 年提出的格不同于语法格。有关蒙古语语义格的详解可以看德力格尔玛教授的著作。但是，生成语法学家基于 Fillmore 的格理论提出的论元作用来看，蒙古语格与论元的概念也不同。有关蒙古语论元分类可参看高莲花的文章①。

蒙古语的格是与名词类合并后构成自己的格短语的。有些与动词类合并发挥论元作用。有些不能与动词类合并，没有论元作用。"起论元作用的格短语和论元本身的意义来看，它们也不会完全吻合，因此有必要澄清这个关系。"②

虽然蒙古语有七种格，但作为必有论元与动词真正发生关系的格短语一般都是由主格、宾格、向位格、从比格、凭借格、和同格构成的格短语。虽然领属格能够与动词直接联系，但是不能构成论元关系，因此这里我们省略领属格。当然，以上所述的有些格短语在有的时候还会成为可有可无论元。所以，格短语中真正能够成为必有论元的实际上只有主格、宾格、向位格。

4. 格与动词语态的关系

蒙古语动词本身特征极其复杂。根据句中所要求的论元名词，我们可以把蒙古语动词分为 12 种子语类。当这些动词有不同的语态变化或出现重叠现象时其结构会变得更加复杂，但这种变化与其所要求的论元之间具有非常规律的对应关系。

以经验主义为基础的结构主义句法研究中，实词始终占据主导地位，而真正能够表达句法意义的功能语类被视为实词类的形式变化或跟随成分。现在我们以理性主义为哲学基础的生成语法理论，尤其是以"最简方案框架"为指导，给予功能以语类语法地位，确认它是句法研究中的核心问题之一。我们在这里确认蒙古语的格属于功能语类，并提出两种观点。

（1）蒙古语格不仅是名词的形式变化，还是与所有名词类或有名词性质语类合并，构成核心的成分。

（2）蒙古语格不仅是名词的语法范畴，而且是与所有名词性质语类合并构成格短语的功能语类。例如下图所示：

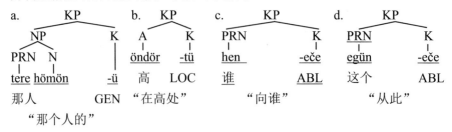

① 高莲花：《生成句法框架内的蒙古语动词及其句法结构特征》，中央民族大学出版社 2014 年版。

②力提甫·托乎提：《从短语结构到最简方案——阿尔泰语言的句法结构》，中央民族大学出版社 2004 年版。

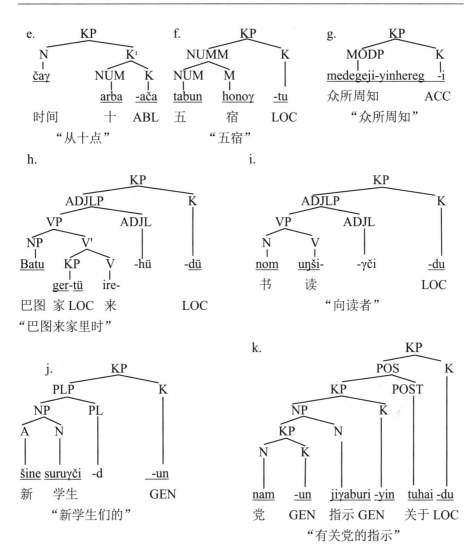

从以上的几个格短语的构成看，名词类都可以作为格语缀的补足语出现。如作为格语缀补足语的有：名词短语（见图 a）、形容词（见图 b）、代词（见图 c、d）、数量结构（见图 f）、代词（见图 e）、摹拟词（见图 g）、形容词化短语（见图 h、i）、复数短语（见图 j）、后置词短语（见图 k）等。其中将图 e 中的 čaɣ "时间、钟点、时钟" 作为指示语处理也是非常理想的。这类问题过去我们基本没有讨论过。这就是说，我们也承认格短语(KP)也有自己的指示语。

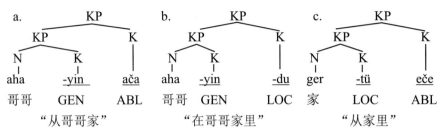

总而言之，不管这些格怎么重叠，都可按中心词在后、两个节点合并的原则来解决。

蒙古语的 30 多个后置词都可以与名词类成分自由合并，构成自己的后置词短语。其中，有些后置词可以与不带任何格的名词、名词短语、并列名词、代词、名词化短语、形容词化短语、从属短语、复数短语等合并，还有的要求要与格短语合并。例如：arad tömen-ü tölöge "为人民"、honi šiɣ "羊一样"、yehe hural-un tuhai "关于大会"、baɣši-yinhelegsen yosoɣar "按照老师说的"、helehü tusum "愈说愈"、tegün-i üjegsen metü "好像见过他似的"。用树形图表示这些后置词短语的形成过程及其结构特征如下：

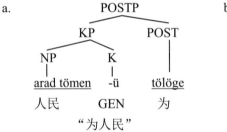

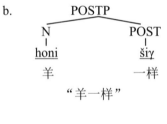

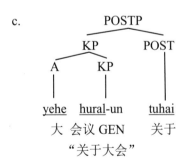

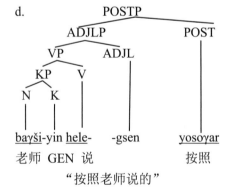

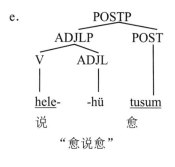

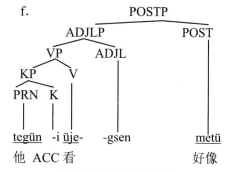

"好像见过他的似的"

从以上的后置词短语的句法结构特征所描述的树形图可以看出，后置词语类可以与名词语类或名词短语、格短语、形容词化短语合并形成后置词短语。

不是所有的副词都能够构成自己的短语，在这里我们只讨论能够构成自己短语的副词。即，按蒙古语中心词在后的原则，副词在短语结构中充当核心词，支配补足语或附加语时，可形成自己的短语结构。

蒙古语的副词短语可以由一个副词与另一个表示程度的副词合并而构成，也可以与一个格短语合并而构成。例如：čaɣ ürhülji"经常"、tegün eče següler"从那以后"、ajil hihü -dü haši yaši"做事马马虎虎"、batu hejiyede haltu mültü"巴图总是草率"、čaɣ imaɣta"时常"、hejiy-e imaɣta"总是"、üni egüride"永远"、dahin dahin"再三"等，用树形图表示这些副词短语的形成过程及其结构特征如下：

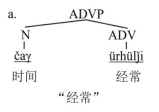

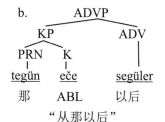

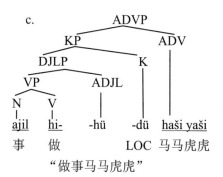

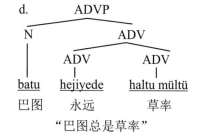

　　从以上的副词短语的句法结构特征描述的树形图可以看出副词语类可以与名词语类或名词短语、格短语、副词语类合并形成副词短语。

　　蒙古语否定功能语类与其他语类短语合并能够形成自己的短语。例如：

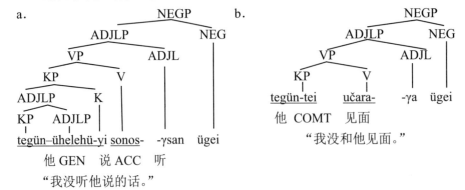

　　以上两例都不会有歧义，因此 ADJL 与 NEG 合并的顺序都不会影响其否定意义。

　　否定成分与形容词（短语）、名词（短语）、格短语等其他短语类合并，也能形成否定短语。在类似构成里一般表达当前的某种状态。例如：

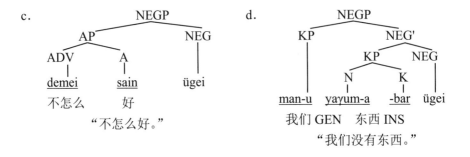

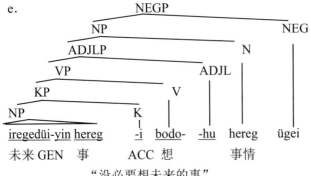

　　否定功能语类 biši、busu 同样也能与词汇语类（短语）或功能语类短语

结合形成自己的短语。如：

（1）tere hümün biši. "他不是人。/不是那个人。"
　　　那　人　不是

（2）tere　egel jir-ün　hümün busu. "他不是普通人。"
　　　他　普通 NEG　人　不是

（3）bi tedeger　suruγči -d -tai　yari-lča-ju jabdu-γadui.
　　　我　那些　学生 PL COMT 讲 covADJL 来得及 NEG
　　　我还没来得及和那些学生交谈。

例（1）虽然看似结构很简单的一个否定短语，但是它有歧义。口语中可用语气停顿消解歧义，书面语中可不能那么简单明了地消除歧义。通过图 f 和图 f'的对比，不仅能够揭示该否定短语的形成过程，可以很巧妙的消除歧义。蒙古语类似否定短语都可以用这种方法来揭示其句法结构和深层歧义。我们在上文中引清格尔泰教授的 edüi 用在形动词-γa/-ge 后（使用范围狭小）说法。edüi 用于形动词-γa/-ge 时有两种情况，一是与其他形容词化短语合并，但分开写；二是 e 音脱落，直接与-γa/-ge 连写变成-γadui/-gedüi，这时与动词原型后面直接连写表示否定意义，如例（3）里的"jabduγadui"（没来得及）。蒙古语在唯独这种情况时否定成分用法与维吾尔语否定成分"-ma-~-mä-(-mi-)"先与动词合并构成的否定短语相似。他们的形成过程用树形图表示如下：

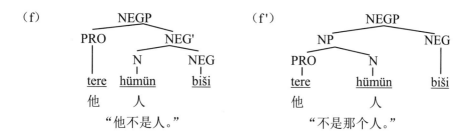

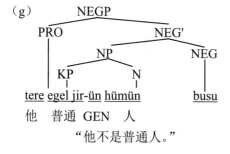

（h）

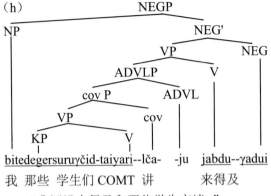

bite degersuruɣčid-taiyari--lča- -ju jabdu--ɣadui
我 那些 学生们 COMT 讲 来得及

"我还没来得及和那些学生交谈。"

否定功能语类中，ügei 合并的语类多、使用频率最高，其次是 biši。虽然这里对 biši、busu、edüi 所举的例子少，但是它们的形成过程与 ügei 否定短语的形成过程相同，因此没有举太多的例子。有时会因格短语、副词化短语或其他短语的参与，否定结构可能会复杂起来，这时我们也可以用上述的方法来描述更复杂的否定短语。

蒙古语有使动轻动词、被动轻动词、互动轻动词、同动轻动词和众动轻动词，它们可与其他语类合并后形成自己的短语。例如：

a.

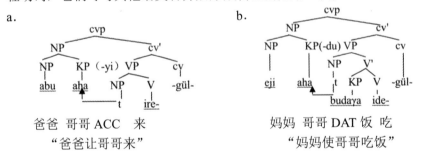

爸爸 哥哥 ACC 来
"爸爸让哥哥来"

b.

妈妈 哥哥 DAT 饭 吃
"妈妈使哥哥吃饭"

c.

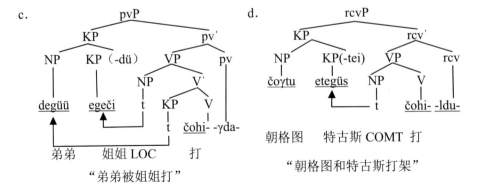

弟弟 姐姐 LOC 打
"弟弟被姐姐打"

d.

朝格图 特古斯 COMT 打
"朝格图和特古斯打架"

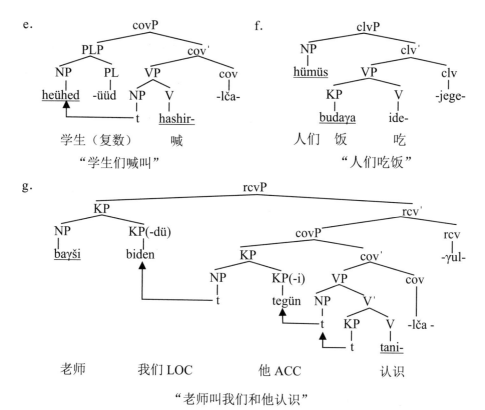

e.

covP
PLP — cov'
NP PL — VP cov
heühed -üüd — NP V -lča-
t hashir-

学生（复数） 喊

"学生们喊叫"

f.

clvP
NP — clv'
hümüs — VP clv
KP V -jege-
budaɣa ide-

人们 饭 吃

"人们吃饭"

g.

rcvP
KP — rcv'
NP — KP(-dü) — covP rcv
baɣši biden — KP cov' -ɣul-
t NP KP(-i) VP cov
tegün NP V' -lča-
t KP V
t tani-

老师　　　　我们 LOC　　　　他 ACC　　　　认识

"老师叫我们和他认识"

我们用实例解释了由各类轻动词构成的轻动词短语的形成过程及其句法结构特征。这些现象均极其有规律的。从以上的分析中我们还可以看到蒙古语最活跃的轻动词是使动态轻动词和被动态轻动词，因此，由它们形成的使动轻动词短语和被动轻动词短语结构是最常见的。我们在统一指派题元假说的启发下，利用树形图明确解释了轻动词变化所引起的轻动词短语结构的论元增减及移位现象。

体功能语类也可与其他语类合并形成体词短语，用树形图表示体短语的形成及其结构特征如下：

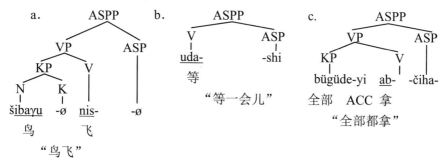

a.

ASPP
VP — ASP
KP — V -ø
N K nis-
šibaɣu -ø
鸟 飞

"鸟飞"

b.

ASPP
V — ASP
uda- -shi
等

"等一会儿"

c.

ASPP
VP — ASP
KP — V -čiha-
bügüde-yi ab-
全部 ACC 拿

"全部都拿"

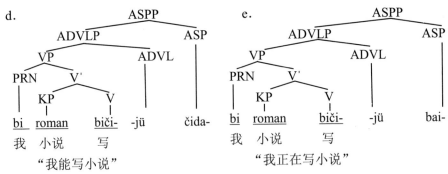

时态功能语类可与动词语类或动词短语、体短语、轻动词短语合并形成时态短语，用树形图表示时态短语的形成及其句法结构特征如下：

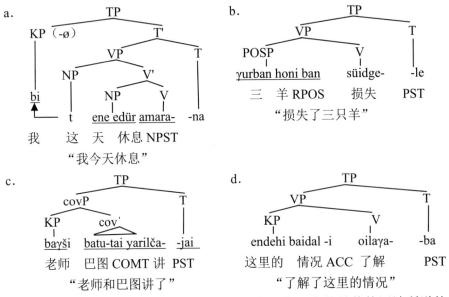

形容词化短语是指一个动词短语的形容词化，也就是传统语法所说的形动词。形容词化短语的形成过程及其句法结构用树形图表示如下：

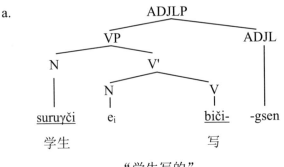

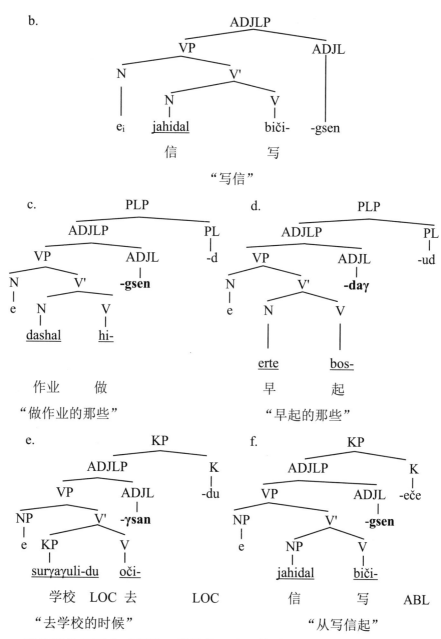

b.

```
                    ADJLP
              VP              ADJL
        N           V'
                                  -gsen
        |      N        V
        ei    jahidal   biči-
              信         写
```

"写信"

c.

```
              PLP
         ADJLP        PL
    VP          ADJL    -d
 N      V'      -gsen
 e   N     V
 dashal   hi-
 作业   做
```

"做作业的那些"

d.

```
              PLP
         ADJLP        PL
    VP          ADJL    -ud
 N      V'      -daγ
 e    N     V
     erte   bos-
     早     起
```

"早起的那些"

e.

```
              KP
         ADJLP        K
    VP          ADJL    -du
 NP     V'      -γsan
 e   KP     V
 surγaγuli-du  oči-
 学校 LOC 去   LOC
```

"去学校的时候"

f.

```
              KP
         ADJLP        K
    VP          ADJL    -eče
 NP     V'      -gsen
 e   NP     V
 jahidal   biči-
 信     写   ABL
```

"从写信起"

　　形容词化短语有时领格、从比格、和同格等格形式为基础与后置词结合，构成后置词短语、时位词结构或相应的短语。如 üilečilehü-yin tölöge "为了服务"、minu ende iredeg-ün učir -ni "我来这里是因为"、irehü-yin emüne "来之前"、iregsen-eče hoina "来了之后"等。它们的形成过程及其句法结构用树形图表示如下：

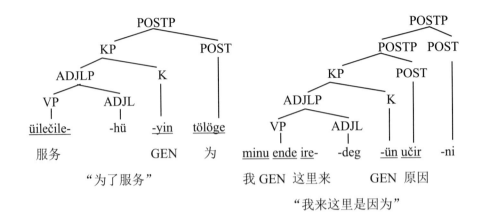

"为了服务"

"我来这里是因为"

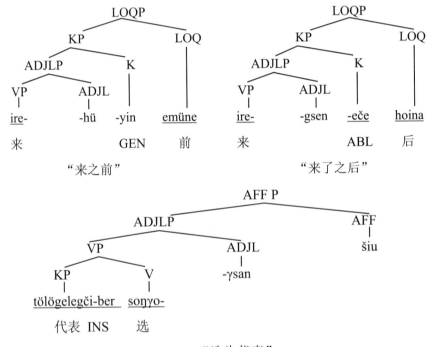

"来之前"

"来了之后"

"选为代表"

　　在传统语法中，副词化短语作为动词的一种静词形式，在动词部分得到处理，并且副词化成分也像格附加成分一样，在词法部分受到类似派生词缀的对待，被语法学家们认为动词词干上缀加相应的附加成分就可以构成不同的副词化短语，即它们试图在一个词干的平面上形成所有的副词化短语。如我们拿动词 uŋši-"读"为例，它的副动词形式可以被描述为 uŋšiju "读着"，uŋšiɣad "读了后……"，uŋšibal "假如读"，uŋšihular "一读……才

（就）"，uŋšimanjin "只有读……才" 等。这种描写的不充分性是一目了然
的。因为构形法不属于词法，而是属于句法。虽然包括蒙古语在内的阿尔
泰语言的黏着性要求这些后缀必须与动词词干相结合，但它们实际上缀加
在整个动词短语上，而不仅仅追加在一个动词词干上。所以这些后缀的句
法层次关系应该在句法部分得到解释。我们现在在生成语法框架里把这些
后缀认为副词化成分，因为它们能使一个动词短语变成具有副词性质的一
种短语。我们把它们在短语里的层次关系在新的框架里可以表示得更清楚。
如 nom uŋšiju"读着书"，jahidal bičiŋgüte"当写信……时"，suryaɣuli du očitala
"一直到去学校"，ger tegenharibal "如果回家乡"。这四个短语的形成过程
及其句法结构特征在树形图中可以表示如下：

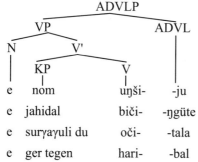

语气是句子的基本特性之一，是一个句子必不可少的因素。然而在阿
尔泰语言中，句子谓语部分出现的语气（式）一般都与时态成分合为一体，
难以单独拿出来分析。当然，这并不会妨碍我们把语气作为一个独立的语
言现象来探讨。这里我们主要探讨由各种语气助词构成的语气短语。语气
助词在信息结构中的作用很突出，除焦点化、话题化、移位等手段以及特
殊词的运用外，语气助词本身在言语中的出现就会突出某种信息的传达[1]。

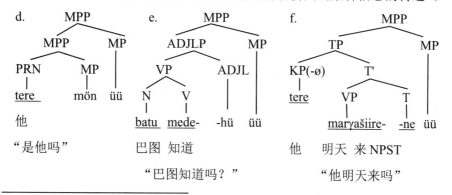

---

① 力提甫·托乎提：《最简方案——阿尔泰语言的句法结构》，中央民族大学出版社 2017 年版，
第 286 页。

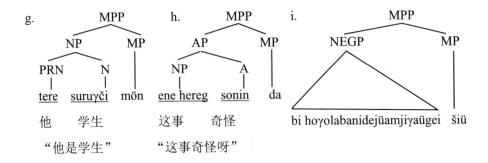

复数功能语类与其他语类或短语合并后可形成自己的复数短语。如 öndör öndör aɣulas "高高的山峦"、yehe surɣaɣuli yin baɣši nar "大学的老师们"、šiidürilege ügei yabudal uud "还没解决的事情"、šiduryu tüšimed "忠诚的大臣们"、durasun sanadaɣ naiji nar "经常想念的朋友们"、uŋšiɣsan nomuud "未读的书籍"等，用树形图表示它们的形成过程及其句法结构特征如下：

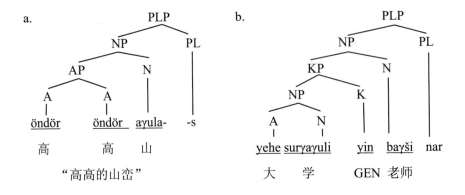

从以上的复数短语的句法结构特征所描述的树形图可以看出复数功能语类可以与名词语类或名词短语合并形成复数短语。

领属短语是由短语结构中领属语类处于核心词位置，支配其他语类词或短语而形成的短语。领属功能语类在短语结构中一般起附加语的功能，所以很少由其充当核心词构成自己的短语。例如：aha mini "我的哥哥"、eji čini "你的妈妈"、abu ni "他（她）的爸爸"、eji ben "把自己的妈妈"、ger iyen "把自己的家"、tere öber –iyen "他自己"、tegün –ü eji ni "他妈妈把自己"、ene čini "这个"、ajil du mini "给（我）工作"、aha ača čini "从你哥哥"等，用树形图表示它们的形成过程及其句法结构特征如下：

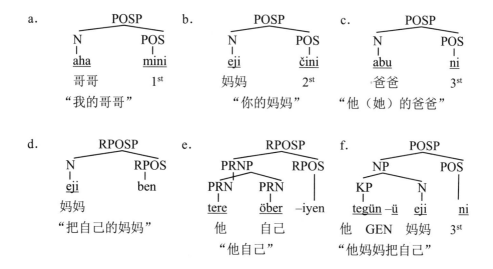

从以上的领属短语的句法结构特征所描述的树形图可以看出，领属功能语类可以与名词语类或名词短语、格短语、代词或代词短语合并形成领属短语。

我们在本研究中没有探讨功能语类中的连词，因为连词不像其他语类，所以这是我们今后有待深入的一个课题。有的学者认为连词可构成自己的短语，我们在没有深入研究之前无法确认蒙古语连词可否形成自己的短语。因此，本研究未能提及连词短语这一部分。还有动词短语和体短语的分析不够深入，助动词短语、联系动词短语等这些内容应在今后的研究当中值得更深入、细致的研究。再有就是静词化短语本包括名词化短语，由于时间和精力有限，也没能对此进行探讨，希望今后完善这一项研究部分。

参考书目

一、著作类

[蒙古]波·邴巴桑:《现代蒙古语词法结构》(色·嘎日迪转写)(蒙文),内蒙古教育出版社 1992 年版。

[蒙古]舍·罗卜桑旺丹:《现代蒙古语论文集》(吉木斯转写)(蒙文),内蒙古教育出版社 1986 年版。

[蒙古]舍·罗布桑旺丹:《现代蒙古语》,内蒙古人民出版社 1961 年版。

《蒙古语辞典》编纂组:《蒙古语辞典》(蒙文),内蒙古人民出版社 1999 年版。

巴·达瓦达格巴:《蒙古语句法研究》,内蒙古人民出版社(蒙文)2008 年版。

宝·哈斯巴根. 现代蒙古语动词句研究(蒙文),民族出版社 1995 年版。

达胡白乙拉:《蒙古语短语结构知识库相关研究》,辽宁民族出版社 2014 年版。

道布:《道布文集》,上海辞书出版社 2005 年版。

道布:《黏着型语言结构的描写问题》,《道布文集》,上海辞书出版社 2005 年版。

德·青格乐图等:《现代蒙古语固定短语语法信息词典详解》,内蒙古教育出版社 2005 年版。

德力格尔玛:《蒙古语语义研究》(蒙文),辽宁民族出版社 2001 年版。

高·照日格图、额勒森其其格:《蒙古语格研究》(蒙文),内蒙古教育出版社 2001 年版。

桂诗春、王初明:《当代句法学导论》,外语教学与研究出版社 2002 年版。

哈斯额尔敦等:《现代蒙古语》(修订本)(蒙文),内蒙古教育出版社 1996 年版。

何元建:《X 标杆理论与汉语短语结构》,《国外语言学》1995 年第 2 期。

何元建:《现代汉语生成语法》,北京大学出版社 2012 年版。

华沙宝:《蒙古语词类标注系统》,《计算语言学文集》,清华大学出版社 1999 年版。

贾拉森、巴达玛敖德斯尔：《论文与纪念文集》，内蒙古大学出版社 1997 年版。

力提甫·托乎提：《从短语结构到最简方案——阿尔泰语言的句法结构》，中央民族大学出版社 2004 年版。

力提甫·托乎提：《维吾尔语及其他阿尔泰语言的生成句法研究》，民族出版社 2001 年版。

门杜：《有关格变的形动词表达的意义》，《语言文学论文集》，内蒙古人民出版社 1989 年版。

木再帕尔：《维吾尔语的静词化短语》，民族出版社 2014 年版。

纳·格日勒图：《蒙古语词形变化和词之间的意义搭配规则》，内蒙古人民出版社 2008 年版。

内蒙古大学蒙古学学院蒙古语文研究所：《现代蒙古语》(蒙文)，内蒙古人民出版社 2005 年第 2 版。

内蒙古大学蒙古学学院蒙古语文研究所：《蒙汉词典》（增订本），内蒙古大学出版社 1999 年版。

内蒙古大学蒙古语言文学系：《现代蒙古语》（下）内蒙古人民出版社 1964 年版。

乔姆斯基：《句法结构》（邢公畹译），中国社会科学出版社 1979 年版。

清格尔泰：《蒙古语语法》，内蒙古人民出版社 1991 年版。

清格尔泰：《现代蒙古语语法》（蒙文），内蒙古人民出版社 1984 年版。

清格尔泰：《现代蒙古语语法》（修订版），内蒙古人民出版社 1999 年版。

清格尔泰：《现代蒙古语语法》（增订版），内蒙古人民出版社 1999 年版。

清格尔泰：《语言文字论集》，内蒙古大学出版社 1997 年版。

确精扎布：《蒙古语语法研究》（第一册）（蒙文），内蒙古大学出版社 1989 年版。

确精扎布：《确精扎布文集》，内蒙古人民出版社 2008 年版。

确精扎布：《再论有关蒙古语词类》，蒙古语言研究论文集，巴·达瓦达格巴编，内蒙古人民出版社 1987 年版。

邵敬敏：《句法结构中的语义研究》，北京语言文化大学出版社 1998 年版。

沈阳：《配价理论语与汉语语法研究》，北京大学出版社 2000 年版。

沈阳等：《生成语法理论与汉语语法研究》，黑龙江教育出版社 2001 年版。

石定翔：《乔姆斯基的形式句法——历史进程与最新理论》，北京语言文化大学出版社 2002 年版。

宋国明：《句法理论概要》，中国社会科学出版社 1997 年版。

陶高等：《现代蒙古语》（蒙文），内蒙古少儿出版社 1992 年版。

特图克、达·宝力高：《现代蒙古语句法研究》，内蒙古大学出版社 2011年版。

特图克：《清格尔泰教授在句法理论上的贡献》，贾拉森·巴达玛敖德斯尔，论文与纪念文集，内蒙古大学出版社 1997 年版。

特图克：《再论蒙古语名动词》，《蒙古语言研究论文集》，内蒙古人民出版社 1987 年版。

温宾利：《当代句法学导论》，外语教学与研究出版社 2002 年版。

吴蔚天、罗建林：《汉语计算语言学——汉语形式语法和形式分析》，电子工业出版社 1994 年版。

徐杰：《普遍语法原则与汉语语法现象》，北京大学出版社 2004 年版。

徐烈炯：《生成语法理论》，上海外语教育出版社 2003 年版。

二、论文类

[美]A.V. 阿霍等：《形式语言及其句法分析》，科学出版社 1991 年版。

[美]Andrew Radford. *Syntactic Theory and the Structure of English a Minimalist Approach*. Cambridge University Press in 1997.

[美]Andrew Radford. *Syntax: A Minimalist Introduction*. Cambridge University Press 1997.

[蒙古]勒·密西格，1960，《蒙古语词组的事》，《蒙古语言文学历史》1960 年第 9 期。

S.苏雅拉图：《蒙古语动词计算机生成研究》，内蒙古大学第四次蒙古学国际学术讨论会，论文提要，2004 年。

阿拉坦苏和：《认知句法学研究的理论、方法和研究对象》，《呼和浩特民族学院学报》2011 年第 3 期。

巴达玛敖德斯尔：《面向信息处理的词语分类体系研究》，《中央民族大学学报》2004 年第 3 期。

白音门德：《关于时间词》，中国蒙古语文学会第八届年会，1999 年。

白音门德：《中古蒙古语形动词的诸形式及其演变发展》，《内蒙古大学学报》1986 年第 1 期。

包咏梅：《现代蒙古语动词分类问题》，《内蒙古师范大学学报》2009年第 1 期。

宝格楚：《关于强化句子意义的问题》，《蒙古语文》（蒙文）2004 年第10 期。

朝伦巴根：《现代蒙古语"ügei"一词的特征》，《蒙古语文》（蒙文）2009

年第 5 期。

　　程工：《论题元原型角色与论元选择》，《国外语言学》1995 年第 3 期。

　　达·宝力高：《近代蒙古语词组研究概况》，《内蒙古社会科学》2005 年第 2 期。

　　达胡白乙拉：《短语结构语法》，《中国蒙古学学》2004 年第 5 期。

　　达胡白乙拉：《蒙古语基本动词短语自动识别研究》，博士学位论文，内蒙古大学，2005 年。

　　达胡白乙拉：《面向短语标注的句法规则初探》，鲍怀翘等《中国少数民族语言信息技术与语言资料库建设学术研讨会论文集》，北京，2004 年 4 月。

　　达胡白乙拉：《现代蒙古语句法结构树库的建设》，《内蒙古大学学报》2011 年第 6 期。

　　达胡白乙拉：《现代蒙古语句法结构树库建设》，《内蒙古大学学报》2011 年第 6 期。

　　达胡白乙拉：《有关蒙古语动词基本短语的几个问题》，《内蒙古大学学报》2008 年第 5 期。

　　道布：《蒙古语动词"态"语缀探析》，《民族语文》2007 年第 5 期。

　　道布：《蒙古语句子结构分析》，《民族语文》1979 年第 2 期。

　　德力格尔：《有关蒙古语词组—单句—分句的关系》，《蒙古语言文学》1985 年第 3 期。

　　德力格尔玛：《从句义结构看阿尔泰语言的"态"》，《民族语文》2004 年第 2 期。

　　德力格尔玛：《关于现代蒙古语句法研究的几个问题》，《蒙古语文》2004 年第 7 期。

　　德力格尔玛：《蒙古语构形法属句法》，《蒙古语言文学》（蒙文）1997 年第 5 期。

　　额尔敦朝鲁：《蒙古语动词与名词的语义搭配》，《蒙古学》（蒙文）2003 年第 2 期。

　　额尔敦朝鲁：《探析蒙古语动词支配量与支配性之间的对应》，《内蒙古大学学报》2008 年第 4 期。

　　额尔敦初古拉等：《现代蒙古语研究》（蒙文），辽宁民族出版社 2005 年版。

　　方立：《生成语法与非生成语法》，《国外语言学》1994 年第 4 期。

　　嘎拉桑：《从蒙古语句法研究史看其研究方法》，《内蒙古社会科学》（蒙文）2005 年第 5 期。

　　高·照日格图：《有关定语分句》，《蒙古学》1990 年第 3 期。

　　高·照日格图：《有关分句主语的属格、宾格格变》，《蒙古语文》1989

年第 8 期。

高莲花：《蒙古语关联词组短语》，《中国蒙古学》2010 年第 6 期。

高莲花：《轻动词理论与蒙古语动词语态》，《内蒙古民族大学学报》2007 年第 6 期。

高莲花：《生成句法框架内的蒙古语动词子语类特征》，《中央民族大学学报》2007 年第 2 期。

高娃：《关于蒙古语 N+oro-动词固定结构》，《内蒙古师范大学学报》2008 年第 1 期。

格根哈斯：《论有关现代蒙古语 "tai / tei" 和 "ügei"》，《蒙古语言文学》（蒙文）2002 年第 1 期。

龚放：《乔姆斯基最简方案中的一些基本假设》，《外语教学》1999 年第 2 期。

顾阳：《学习"最简方案"的新材料——〈句法〉评价》，《当代语言学》1999 年第 4 期。

韩景泉：《乔姆斯基的形成主义语言研究》，《外语教学与研究》2000 年第 1 期。

何晓炜：《乔姆斯基最简方案的新发展——〈最简探索之框架〉介绍》，《外语教学与研究》2000 年第 2 期。

呼和巴日斯：《蒙古语词组动词的分析》，《内蒙古师范大学学报》（蒙文）2005 年第 3 期。

呼和巴日斯：《蒙古语句法的层次结构》，《中国蒙古学》2008 年第 6 期。

呼和巴日斯：《蒙古语句法描写方法》，《中国蒙古学》2007 年第 6 期。

呼和巴日斯：《蒙古语句子结构类型问题》，《内蒙古社会科学》（蒙文）2005 年第 5 期。

胡日勒都希：《"现代蒙古语百万词语料库"中的"GSAN/GSEN"形式的统计分析》，《内蒙古社会科学》2012 年第 2 期。

吉荣：《蒙古语句子分析》，《蒙古语言文学》1993 年第 6 期。

吉荣：《有关词组分类》：《蒙古语言文学》1986 年第 6 期。

吉荣：《有关词组和词的连接》，《蒙古语言文学》1985 年第 1 期。

金虎：《关于蒙古语 abhu 动词固定短语的配价》，《内蒙古师范大学学报》2008 年第 2 期。

劳格劳：《基于配价语法的现代蒙古语句法的标注方案研究》，《中国蒙古学》2011 年第 2 期。

乐·陶克敦白乙拉：《有关蒙古语句子结构探析》，《蒙古语言文学》（蒙文）2001 年第 3 期。

乐·套格敦白乙尔:《框架语法理论与句法结构的解释》,《呼和浩特民族学院学报》2011 年第 3 期。

李娟:《建设"现代蒙古语固定短语的语法信息词典"管理程序》,2013 年《内蒙古社会科学》2005 年第 2 期。

力提甫·托乎提:《阿尔泰语言构形成分的句法层次问题》,《中央民族大学学报》2002 年第 6 期。

力提甫·托乎提:《论维吾尔语的连词短语》,《民族语文》2016 年第 1 期。

力提甫·托乎提:《论维吾尔语否定成分-ma-/-mä-的句法特性》,《民族语文》2011 年第 6 期。

力提甫·托乎提:《论维吾尔语功能语类格(K)的句法特性》,《民族语文》2010 年第 4 期。

力提甫·托乎提:《论维吾尔语体助动词的功能》,《民族语文》2009 年第 1 期。

力提甫·托乎提:《论维吾尔语体助动词的功能》,《民族语文》2009 年第 1 期。

力提甫·托乎提:《轻动词理论与维吾尔语动词语态》,《民族语文》2004 年第 6 期。

力提甫·托乎提:《轻动词理论与维吾尔语动词语态》,《民族语文》2004 年第 6 期。

力提甫·托乎提:《生成句法框架内的维吾尔语句法》,《民族语文》2005 年第 6 期。

力提甫·托乎提:《维吾尔语的关系从句》,《民族语文》1995 年第 6 期。

力提甫·托乎提:《维吾尔语动词的分类——试谈动词的句法—语义功能》,《民族教育研究》1999 年增刊。

力提甫·托乎提:《维吾尔语格的省略和 X 标杆理论》,《民族语文》1999 年第 2 期。

力提甫·托乎提:《维吾尔语关系从句》,《民族语文》1995 年第 6 期。

力提甫·托乎提:《维吾尔语名词性语类的句法共性》,《民族语文》2006 年第 4 期。

力提甫·托乎提:《重新认识阿尔泰语言功能类的句法属性》,《民族语文》2015 年第 2 期。

力提甫·托乎提:《最简方案——阿尔泰语言的句法结构》,中央民族大学出版社 2017 年版。

木再帕尔:《论维吾尔语的名词化短语》,中央民族大学,博士学位论文,2007 年。

木再帕尔：《维吾尔语的形容词化短语或关系从句》，《满语研究》2009年第2期。

木再帕尔：《维吾尔语形容词化短语的一些句法特点》，《满语研究》2012年第2期。

木再帕尔：《最简方案框架内几种语言的时态短语和静词化短语》，《双语教育研究》2016年第2期。

那•格日勒图：《副动词变化的连接法研究》，《蒙古语文》（蒙文）2004年第10期。

那顺乌日图：《关于面向信息处理的蒙古语词语分类及其标记集》，中国蒙古语文学会第八届年会．包头，1999年。

纳•格日勒图：《关于蒙古语动词形动词形式的两种变形形式》，《蒙古语文》2006年第8期。

葡萄：《论动词词根与语态词缀相互对应规律》，《中国蒙古学》2009年第1期。

青格勒图：《有关句子的深层结构和表层结构》，《蒙古语文》（蒙文）1987年第3期。

清格尔泰：《关于句法结构分析》，《内蒙古大学学报》1986年第1期。

清格尔泰：《关于句法结构分析》，《内蒙古大学学报》1986年第2期。

清格尔泰：《句子结构分析》，《内蒙古大学学报》（汉文）1986年第2期。

清格尔泰：《论蒙古语助动词》，《内蒙古大学学报》（蒙文）1965年第1期。

确精扎布：《关于传统语言学和蒙古文信息处理中几个问题的思考》，《内蒙古大学学报》2006年第1期。

确精扎布：《关于蒙古语词类》，《内蒙古大学学报》（蒙文）1962年第1期。

确精扎布：《有关蒙古语词组的几个问题》，《内蒙古大学学报》1963年第1期。

森格：《关于蒙古语动词语义解释》（蒙文），内蒙古大学第四次蒙古学国际学术讨论会•论文提要，2004年。

森格：《有关蒙古语形动词GSAN/GESN》，《蒙古语文》1985年第6期。

森格：《有关蒙古语形动词的语义问题》，《蒙古语文》1986年第10期。

森格：《有关形动词数范畴的几个问题》，《内蒙古大学学报》1988年第4期。

书包：《探析现代蒙古语"ügei"的特性》，《蒙古语文》（蒙文）2000年第2期。

斯钦朝克图：《中世纪蒙古语动词被动态与现代蒙古语动词被动态比较》，《蒙古语文》（蒙文）1992年第12期。

斯琴：《论现代蒙古语中的"ügei"》，《内蒙古民族师范学院》（蒙文）1991 年第 2 期。

特图克：《关于蒙古语动词词组问题的思考》，《民族语文》1998 年第 6 期。

特图克：《关于蒙古语句子以谓语为中心问题》，《民族语文》1995 年第 4 期。

特图克：《蒙古语从比格动词词组》，《蒙古语文》（蒙文）1992 年第 12 期。

特图克：《向位格动词词组》，《内蒙古大学第二次蒙古学国际学术研讨会论文集——"语文"》，1991 年。

特图克：《再论蒙古语名动词——蒙古语未完成动词》，《内蒙古民族师范学院学报》，1982 年第 2 期。

图门吉日嘎拉：《纠正有关蒙古语动词语法形式的错误》，《蒙古语文》2012 年第 2 期。

王斯日古楞：《有关基于规则的蒙古语句子自动切分项目》，《内蒙古大学学报》2008 年第 1 期。

乌吉木：《关于现代蒙古语"ügei"一词》，《中国蒙古语学》（蒙文）2006 年第 6 期。

乌兰、达胡白乙拉：《现代蒙古语短语结构语法自动分析》，《内蒙古民族大学学报》2018 年第 2 期。

乌兰：《现代蒙古语短语结构句法分析机器应用简介》，《蒙古学研究》（蒙文版）2018 年第 2 期。

乌力吉达来：《词组》，《语言与翻译》2011 年第 2 期。

兴安：《蒙古语句子中动词短语存在与否用心理实验法验证》，《蒙古学》2001 年第 1 期。

兴安：《用心理实验法分析蒙语句子里是否存在动词语类》，《蒙古学》（蒙文）2001 年第 2 期。

周长银、张法科：《最简方案中 vp 壳结构的由来及其设计原则》，《山东外语教学》2004 年第 1 期。